수도권
비주택 투자 수업

일러두기

- 모든 거래 가격은 국토교통부 실거래가를 기준으로 한다.

2년 내로 수익 내는 수도권 비주택 투자 수업

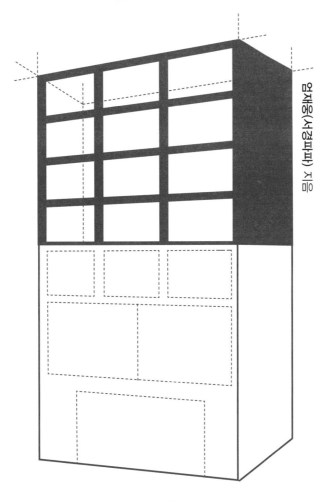

엄재웅(서경파파) 지음

위즈덤하우스

다가올 기회를 움켜쥘
비주택 투자 수업

저는 부동산 투자자라면 '정부 정책'을 평가하려고 하지 말고, 행간을 이해하고 흐름을 타야 한다고 강조합니다. 새로운 서울시장이 부임한 이후 서울시에서는 신속통합기획 공모가 매년 진행 중입니다. 신속통합기획 후보지에 선정되기 위해 수십여 개의 쟁쟁한 재개발 후보지들이 도전합니다. 그러나 막상 발표 결과를 보면 보통 사람들의 기준으로는 납득할 수 없는 후보지가 간혹 선정됩니다. 입지가 나쁘다고 평가받는 곳들은 논란의 주인공이 되기도 합니다. 대표적인 후보지 중 하나가 신림7구역(신림동 675-200번지 일원)일 것입니다. 발표가 되기 전에 이곳에 투자한 사람들은 단기간에 엄청나게 큰돈을 벌었습니다.

불확실성이 짙었던 곳이 확실한 상황(신속통합기획 대상지)으로 변하는 과정을 겪었기 때문입니다.

왜 신림 7구역같이, 입지도 별로이고 사업성이 좋지 못한 곳을 후보지로 선택했을까요? 재개발을 적극 추진하고자 하는 서울시장 입장에서는 머리가 아팠을 것입니다. 전임자가 사업성이 좋은 곳들을 개발해서 자신의 업적으로 만들었기 때문에 서울은 개발하기 힘들고 취약한 지역만 남은 상태였습니다.

그러나 정치인들은 여건이 안 좋다고 해서 절대로 포기하지 않습니다. 그것이 바로 자신의 일이고 업적이기 때문입니다. 정비 사업을 하기에 사업성이 안 좋은 지역들은 조금만 건드려도 티가 확 난다는 특징이 있습니다. 그래서 서울시장은 자신의 임기 동안 드라마틱한 개발 기회를 지속적으로 제공할 것입니다. 비단 서울시장뿐만 아니라, 모든 지자체에도 해당하는 말입니다.

역사적으로 진짜 부자는 아파트가 아니라 개발계획에 투자했습니다. 드라마《재벌집 막내아들》의 주인공 진도준이 분당 땅을 사들인 이유는 허허벌판의 농지, 나대지 위에서 펼쳐질 어마어마한 도시개발 계획을 알고 있었기 때문입니다. 드라마는 드라마로 봐야 하지만 1기 신도시 개발 때 그 땅을 선점한 사람은 실제로 엄청난 부자가 됐습니다. 그렇다면 이제는 과거와 같은 기회가 더 이상 없을까요? 최근에는 마곡, 판교가 대표적인 기회였고, 앞으로도 정치적으로 기회를 받을 새로운 땅이 분명히 있습니다.

2040 서울시 도시기본계획부터 시작해서, 여러 지자체에서 새로운

도시계획이 발표되고 있습니다. 즉, 우리가 단기간에 2, 3배 이상 큰 수익을 낼 수 있는 거점들이 쏟아진다는 것입니다. 궤변이라고 생각하면 이 책을 바로 덮어도 좋지만 제가 하는 말은 분명히 지금 일어나고 있고, 앞으로도 일어날 사실입니다. 그 사실이 궁금하신 분들이 이 책을 읽으면 좋겠습니다.

이 책의 1부에서는 도시계획에 따라서 움직이는 디벨로퍼와 호재를 좇는 대중의 차이에 주목하고 디벨로퍼의 눈으로 보는 부동산 투자는 수익 면에서 어떤 차이를 만들어내는지 살펴보겠습니다. 대표적으로 강남구 개포동의 개발 사례가 강북 지역에 어떻게 적용되었는지, 더 나아가 수도권으로 어떻게 퍼져나갔는지 알 수 있을 것입니다. 2부에서는 요즘 세간의 관심을 끌고 있는 1기 신도시 재건축에 관해 비주택이라는 새로운 투자 영역을 소개하고자 합니다. 아파트만이 부동산 투자의 전부라고 생각했다면 이 내용은 큰 충격으로 다가올 것입니다. 이번 책의 핵심 주제이기도 하고, 누군가는 지금도 이런 방법으로 큰돈을 벌고 있습니다. 이 책을 통해 새로운 사실을 접하신다면 행동으로 이어지셨으면 좋겠습니다.

부동산 투자의 핵심은 권력이 선택하는 개발이라는 사실을 깨우친 소수만이 상위 5% 투자 고수가 될 수 있습니다. 지난 상승장에 아파트와 입지만 바라보다가 기회를 놓쳤더라도 괜찮습니다. 하지만 지금이라도 실력을 쌓지 않으면 곧 후회하게 될 것입니다. 앞으로 다가올 기회는 준비된 자가 아니면 움켜쥘 수 없으니까요.

차례

1부

전국으로 퍼져나간
서울의 부동산 개발 공식

: 디벨로퍼의 눈으로 투자하라

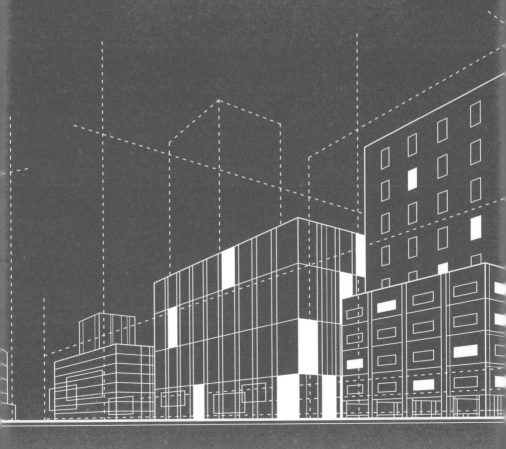

실수요보다 중요한 것

주변에 공장이 널린 곳에 몇억 원이나 되는 큰돈을 감히 투자할 수 있는 사람이 얼마나 될까? 투자해야 할 이유를 모르면 용기를 낼 수 없다. 이유를 알고 용기를 낸 누군가는 2020년 22평 기준 4억 6000만 원에 매수했던 성수동의 연립주택(서울시 성동구 성수동2가 268-2)을 2년 만에 18억 원에 매도했다. 실투자금은 3억 원이었다.

2016년 말부터 5년간 전례가 없을 정도로 부동산 시장이 뜨거웠다. 인터넷에는 자칭 혹은 타칭 전문가들의 온갖 투자 정보가 넘쳤다. 주식, 코인, 부동산 가릴 것 없이 소위 눈 감고 투자해도 돈을 벌 수 있는 시장이었다. 그러다가 세계적인 경기침체가 시작되고 대한민국도

공장이 밀집한 성수동의 준공업지역 풍경이다.

2021년부터 금리가 인상되면서 부동산 시장 하락기가 왔다. 혹자는 2022년의 하락장은 문재인 정부의 과도한 부동산 규제로 왜곡된 시장의 영향일 뿐이며, '유사 하락장'에 지나지 않는다고 주장한다. 반대로 어떤 사람은 2022년부터 부동산 시장이 전체적으로 무너지고 있으니 당분간 투자를 하지 말아야 한다고 말한다.

나의 답변을 궁금해하는 분들을 종종 만났다. 나의 대답은 "하락장에 오히려 오르는 매물이 있다"라는 것이다. 서두에 제시한 서울시 성동구 성수동 연립주택 투자는 내가 상담해준 투자자의 실제 사례다. 아무도 손대지 못할 때 과감하게 매수했고 다른 투자자들이 절망하던

2022년 하락장 때 오히려 수익을 낸 대표적인 사례다.

지금의 성수동을 아는 사람은 그게 뭐가 대단하냐고 반문할 것이다. 하지만 당시의 성수동은 지금과 같은 핫플레이스가 아니었다. 왜 이런 투자 결과가 나왔을까? 입지가 좋아서? 상품성이 좋아서? 아니면 대형 재개발 매물이라서? 성수동이라서 입지가 좋다고 하기에는 주변에 공장들이 널린 지역이고, 오래된 연립주택이기 때문에 상품성 또한 떨어진다. 심지어 해당 매물은 성수전략정비구역처럼 대형 재개발 매물도 아니다.

2020년에는 실투자금 3억 원으로 투자할 수 있는 선택지가 많았다. 아마 투자금 3억 원이었다면 A 전문가는 경기도 신축 아파트 청약을 추천했을 것이다. B 전문가는 신도시에 있는 지식산업센터를, C 전문가는 초기 재개발 신축 빌라를 추천했을 것이다. 전부 대중이 좋아하는 매물이다.

수영장에 물이 빠지고 있는 하락장에도 어떤 투자자들은 과거의 과감한 선택 덕분에 돈을 벌고 있다. 특별한 비결이 있을까? 아니다. 대중과 반대로 갔을 뿐이다. 누군가는 이런 사례를 과장된 일부 성공 사례라고 생각하겠지만 결코 그렇지 않다. 꾸준한 공부와 투자의 결과이다.

이 책의 1부만 잘 이해하더라도 제2의 성수동이 될 곳을 선점할 수 있는 안목이 생길 것이다. 누구나 할 수 있다. 성수동 매매 사례의 주인공도 부동산에 관한 아무런 지식이 없던 20대 중반의 여성이었다. 그의 성공은 지금부터 소개할 내용대로 행동한 결과였다.

하락장에 오히려 오르는 매물

혹자는 말한다. 현지 주민들이 선호하는 입지, 상품성이 좋은 아파트, 실거주 수요가 몰리는 부동산이 많이 오르고 하락기에도 조금 내려간다고. 과연 사실일까? 2008~2014년 하락장에서 부동산 가격은 강남, 비강남 가릴 것 없이 떨어졌으며, 오직 소수의 매물만 오르거나 시세 방어를 했다. 신도시 신축 아파트, 입지가 좋은 아파트, 심지어 강남권 매물의 시세마저 크게 내려갔다. 과거 사례에 비추어 보면 이번 하락장에도 오직 '사업이 잘 진행되는 거점 개발지 매물'만 기회를 받을 것이다. 우선 '같은 거점'을 공유하고 있지만 전혀 다른 결과를 보여주는 대표 사례를 소개한다.

빨간색은 래미안하이어스, 파란색은 안양삼성아파트다.

출처: 국토교통부 지도

래미안하이어스는 호갱노노 사이트에서 군포시 월간 방문자 1위 (2023년 1월 기준)를 기록했다. 실거주 수요층이 많이 보고 있는 아파트라는 의미다. 반면 파란색으로 칠한 구역은 안양삼성아파트다. 이곳은 호갱노노 사이트 기준 산본동 주간 방문자 수 14위(2023년 1월 기준)를 기록했다.

이 두 아파트가 위치한 금정역 역세권은 GTX-C 역세권이 될 곳으로 기존 1호선, 4호선까지 더한 트리플 역세권으로 변모할 거점이다. 서울시의 영등포구, 구로구, 금천구로부터 뻗어 나온 공업 일자리가 많은 곳이기도 하다. 이 때문에 역세권 저층 주거지에 조선족 상권과 주거지가 퍼져 있다. 이는 실거주 수요자에게 큰 감점 요인이다.

래미안하이어스는 금정역 역세권 일대에서 군계일학처럼 보인다. 래미안하이어스는 금정역 역세권에서 실거주에 필요한 조건을 두루 충족한 거의 유일한 '대장 아파트'임에도 불구하고 2023년 1월에 7억 7000만 원에 거래됐다. 이 아파트는 2022년 7월에 12억 4000만 원으로 거래됐던 아파트다. 이러한 모습을 보고 겁에 질린 대중은 이렇게 생각할 것이다.

"대장 아파트마저 무너졌으니 당연히 금정역 역세권에서 투자할 곳이 한 곳도 없겠네."

실거주 수요가 많을수록 가격 지지선이 탄탄하고 투자 상품에 가까운 재개발·재건축 매물은 조정을 강하게 받는다는 주장이 정설처럼 퍼져 있다. 특히 국민 평수로 받아들여지는 30평대 아파트는 실수요자의 수요가 많기 때문에 하락장에서도 무너지지 않을 것이라고 여겨졌다.

안양삼성아파트는 래미안하이어스와 금정역 역세권을 공유하는 입주 36년 차(2023년 기준) 아파트다. 생김새만 보면 군인 아파트와 흡사하다. 게다가 주변에는 온통 저층 주거지, 상가가 즐비한 5층짜리 나홀로 아파트다. 또한 해당 주거지에 조선족들이 상당수 거주하고 있어 우리가 흔히 생각하는 '좋은 아파트', '투자 가치가 높은 아파트'의 기준에는 미치지 못한다. 그럼에도 이 아파트의 시세는 래미안하이어스와 정반대의 결과를 보였다. 안양삼성아파트는 2023년 1월 기준 2022년보다 높은 매매가로 거래되고 있다.

물론 안양삼성아파트가 금정역과 가깝기 때문일 수도 있다. 그러나 상품성, 단지 관리, 초품아, 3040 여성의 선호도 등을 종합적으로 볼 때 래미안하이어스가 안양삼성아파트보다 인기 있을 아파트라는 것은 누구도 부정할 수 없다. 2022년 한 해 동안 래미안하이어스, 안양삼성아파트의 성적표를 보면 우리의 상식이 여지없이 무너진다. 그래서 대중의 기대 심리와 반대되는 투자 전략을 취해야 한다. 왜 래미안하이어스는 떨어졌고, 안양삼성아파트는 올랐을까?

안양삼성아파트는 재개발구역이다. 우리의 기존 상식대로라면 재개발·재건축 매물이 가장 많이 가격 조정을 받지만 데이터는 그 반대다. 특히 금정역 역세권은 국토교통부의 GTX-C 노선 거점 지역으로서 거점의 위상에 맞게 주변 환경을 말끔히 개발해야 할 곳이다. 쉽게 얘기해서 GTX 역세권 거점은 용산, 판교와 같이 웅장한 규모의 업무, 상권의 중심지로 개발되어야 한다는 것이다.

'이런 곳이 감히 용산, 판교처럼 될 수 있을까?'라고 생각할 수도 있다. 그러나 용산, 판교도 개발되기 전에는 초라하기 그지없었다. 지금 가시적인 진척을 보이고 있는 동대문구 청량리역 역세권도 GTX-C 거점 개발지답게 매년 빠른 속도로 변화하고 있다. 부동산을 오직 입지에 관한 선입견으로만 판단하는 사람에게는 납득하기 어려운 일이다. 하지만 현장을 직접 눈으로 본다면 내 말을 조금이라도 이해할 수 있을 것이다.

이런 변화의 흐름을 깨우친 사람이 부동산 투자의 고수다. 대중이라고 일컬어지는 집단은 눈에 보이는 입지로 판단하기 때문에 안양삼성아파트와 같은 매물에 투자하기 두려워할 뿐만 아니라 이런 투자 결과가 나왔다는 것 자체를 믿지 못한다. 반대로 투자의 고수들은 경쟁자가 별로 없는 상태에서 저렴하게 매수하여 단기간에 큰 이익을 남긴다.

결국 외지에서 온 투자자가 돈을 번다

내가 항상 강조하는 것이 있다. 그것은 바로 '빠른 인허가'이다. 아무리 입지가 좋더라도 인허가가 지지부진한 재개발·재건축은 투자하면 안 된다고 말해왔다. 안양삼성아파트가 2022년에 선전할 수 있었던 이유는 2021년 12월 30일 군포시장의 개발 관련 인허가가 있었기 때문이다(군포시 고시 제2021-125호 참고). 평소 강의에서 금정역 역세권은 좋은 거점이고 서울과 경기도의 관문 입지이기 때문에 권력자가 밀어주는 사업지라고 설명해왔다. 그 증거가 힐스테이트금정역(금정동

689번지 일대)의 개발 과정이다. 정부는 해당 거점 개발을 위해 일반공
업지역을 일반상업지역으로 용도 변경을 했다(경기도 고시 제2013-399호
참고). 즉, 더 높게 신축할 수 있도록 행정적으로 지원해준 것이다. 이 덕

군포시 고시 제2021-125호

군포시 금정역 역세권 재개발사업
정비계획 결정 및 정비구역 지정 및 지형도면 고시

경기도 군포시 산본동 1028번지 일원의 금정역 역세권 재개발사업에 대하여
「도시 및 주거환경정비법」 제16조의 규정에 따라 정비계획 결정 및 정비구역
지정 고시하고, 「토지이용규제 기본법」 제8조에 의거 지형도면을 고시합니다.

2021년 12월 30일

군 포 시 장

■ 용도지역별 변경 사유서

도면 표시 번호	위치	용도지역 기정	용도지역 변경	면적 (㎡)	용적률	결정(변경)사유	비고
1	금정동689번지 일원	일반공업지역	일반상업지역	33,847		∘상위계획과의 정합성유지 및 중심지기능 회복을 위해 용도지역 변경	보행제약
2	금정동744-1번지일원	준공업지역	제3종일반 주거지역	34,650		∘상위계획과의 정합성유지 및 현 토지이용현황을 고려하여 용도지역 변경	공동주택
3	당정동908-111번지일원	일반공업지역	준주거지역	18,427		∘상위계획과의 정합성유지 및 용도지역 현실화	벌터/마벨
4	금정동169-25번지일원	일반공업지역	준주거지역	458			
5	금정동171-10번지일원	준공업지역	준주거지역	101,217			

같은 재개발·재건축인데 왜 어떤 매물은 시세가 떨어지고 어떤 매물은 오를까? 답은 '인
허가 속도'다.

출처: 군포시 고시 제2021-125호(위), 경기도 고시 제2013-399호(아래)

분에 힐스테이트금정역은 용적률을 무려 569%나 허가받았다.

부동산 투자의 하수들은 인터넷에서 낡은 정보나 개인적 감정, 추론, 감각에 의존한다. 진정한 부동산 투자 고수는 명확한 고시문을 근거로 투자의 포인트를 발굴한다. 과거 금정역 역세권 주변에 뉴타운 사업이 있었으나 대부분 무너졌다. 하지만 힐스테이트금정역의 과거 고시문을 통해 군포시가 여전히 적극적으로 사업을 추진하고 있다는 사실을 눈치챌 수 있다. 노련한 투자자는 GTX-C 노선 개발이 확정된 현재, 한때 재개발의 무덤처럼 여겨지던 금정역 역세권의 안양삼성아파트 일대에 다시 한번 행정적으로 큰 기회가 주어질 것이라고 판단했을 것이다.

2021년 1월, 금정역 역세권에 위치한 안양삼성아파트의 모습이다.

그러나 실거주자나 원주민이 고시문을 일일이 보고 부동산을 매수하는 일은 많지 않다. 따라서 '래미안하이어스보다 안양삼성아파트가 투자 가치가 좋다'라는 사실을 알기 어렵다.

내가 네이버 카페 '서집달'에 고시문을 꾸준히 공유하는 이유다. 투자가 잘못되고 있다고 느낀다면 지금부터라도 카카오톡 오픈채팅방, 부동산 커뮤니티, 유튜브에서 보내는 시간을 줄이고 관심 지역의 고시문을 읽는 시간을 늘려야 한다. 처음에는 어려운 것이 당연하다. 그러나 이 훈련을 계속한다면 정부기관이 행정적으로 밀어주는 거점 개발지가 어디인지 명확히 파악하게 될 것이고 그 기준에 부합하는 매물을 매수할 수 있다. 즉, 고시문과 친해지는 순간 좋은 부동산을 고를 수 있는 통찰력이 생긴다는 것이다.

정리하면, 진정한 고수들은 남들이 호재가 있다고 떠드는 아파트, 재개발·재건축 매물을 매수하지 않는다. 오직 인허가 속도가 빠른 지역이 어디인지에 초점을 맞춘다. 따라서 하락장에 겁을 먹고 매물을 어처구니없는 가격에 던지지 않고 원하는 가격에 팔아 수익을 낸다. 그래서 결국 돈을 버는 것은 원주민이 아니라 잘 훈련된 외지인 투자자다.

대중이 부동산에서 벌지 못했던 이유

국내에는 약 5만 명의 전업 투자자(개인·법인)가 있다고 한다. 대한민국 국민, 재외국민, 외국인 투자자를 모두 합한 숫자다. 물론 모든 전업투자자가 투자를 꾸준히 하지는 않겠지만 진짜 투자 고수나 전문가 등 노련한 투자자는 꾸준히 투자를 하고 수익을 낸다. 이들은 대출 금리가 높든 낮든, 상승기이든 하락기이든 상관없이 돈을 버는 '공백 없는 투자'를 하고 있다.

그렇기 때문에 지금과 같은 부동산 하락기에도 시장에서 도망치지 않고 남아 있다고 봐야 한다. 탈세 목적의 직거래가 아니라면, 그들이 보유한 매물들은 여전히 시세가 유지되고 있거나 안양삼성아파트처럼 상승을 하고 있기 때문이다. 문제는 대중이다. 대중은 본래 부동산 시장 참여자들이 아니다. 부동산 투자로 돈을 벌었다는 주변인의 말을 들었거나, 내 집 마련을 하지 않으면 경제적으로 도태될 것 같아서 시장에 급하게 참여한 사람들이 대부분이다. 준비되지 않았기 때문에 전문가라고 불리는 사람들에게 늘 의존하고 나쁜 마음을 먹은 사람들이 놓은 덫에 잘 걸리는 게 사실이다.

지난 상승장은 원숭이가 투자해도 돈을 벌던 시기였다. 혹자는 수요에 비해 공급량이 절대적으로 부족했기 때문에 상승했다고 말하지만, 부동산 시장은 단순히 수요와 공급의 원리만으로 움직이지 않는다. 특히 부동산 투자는 '남의 돈(대출)'이 꼭 필요한 투자다. 그렇기 때문에 2021년 상반기까지 제로 금리에 가까운 저금리가 이어지자 너나없이 대출을 받아 부동산 투자에 뛰어들었다. 당연히, 저금리는 영원하지 않았다.

지금부터 부동산 시장에 급하게 참여한 대중이 어떻게 투자금을 잃는지, 전업 투자자는 어떻게 돈을 버는지 알아보겠다. 냉정한 현실을 알리기 위해 내가 본 현실을 직설적으로 쓰겠다.

나 다음으로 받아주는 사람

대출 금리가 높아져도 투자의 고수들은 시장에서 활동한다. 특별한 목적이 있기 때문이다. 이들은 투자가 생계인 경우가 많다. 따로 직장이 있어서 근로소득이 나오더라도 용돈 정도에 불과하다. 이들에게 직장은 대출을 위한 선택일 뿐이다. 하락기에도 계속 투자를 하기 때문에 이들의 선택을 받는 매물은 시장의 분위기와 상관없이 계속해서 오르는 경향이 있다.

부동산 투자는 '나 다음으로 받아주는 사람'이 매우 중요하다. 흔히 '더 큰 바보 이론(바보처럼 지나치게 비싸게 구매했더라도, 더 비싼 값에 살 '더 큰 바보'가 있다는 확신만 있다면 어떤 가격이든 정당화할 수 있다는 이론)'이라고 불리기도 한다. 그런데 여기서 누군가는 마지막에 매물을 떠안게 되는 비극이 발생한다. 지난 5년간 저금리 정책 덕분에 시장에 참여했던 대중은 지금 어디에 있을까?

대중은 시장에서 사라진 것이 확실하다. 더 큰 바보 이론에 따라 나의 물건을 더 비싸게 사줄 수 있는 다음 사람이 필요하지만, 하락장에 두려움을 느낀 대중은 매물을 받아주지 않는다. 역사적으로 대중은 저금리 시기에만 시장에 참여했다. 그 결과 대중이 선호하는 매물은 저금리 시기에만 오르고 고금리 시기가 오면 급락했다.

대중은 고금리 시기, 경제가 어려운 시기에는 관망한다. 그래서 대중이 주로 거래하던 매물은 거래량이 급감할 수밖에 없다. 간혹 눈치를 보면서 급매를 노리기 시작한다. 금정역 역세권의 래미안하이어스가 살기 좋은 아파트임에도 불구하고 하락기를 피하지 못한 이유가 바로 이것이다. 시장의 상승기를 타고 호재(라는 소문)에 의존하는 투자 전략을 취하면 상승기의 끝물에 비싸게 사서 낭패를 보기 쉽다.

고수와 대중은 선호하는 매물이 다르다

사람들은 투자금이 많지 않기 때문에 저렴한 매물이나 대출을 많이 끌어올 수 있는 투자를 선호한다. 아니면 심리적으로 안정감을 느낄 수 있는 '완성된 입지'에 투자한다. 그래서 대중은 다음과 같은 투자 방식과 매물을 선호한다.

- **소액 투자가 가능한 매물:** 경매, 공매, 아파트 갭 투자, 오피스텔, 아파텔, 생활형숙박시설, 지식산업센터 등
- **실거주 겸 투자가 가능한 매물:** 청약(입주권), 분양권, 초기 재개발 신축 빌라, 신도시 신축 아파트, 신도시 신축 상가 등

앞서도 설명했지만 대중이 선호하는 이런 유형의 투자처들은 상승기에만 오르고 하락기에는 거래가 안 되거나 시세가 급락한다. 더 놀라운 점은 큰돈을 들여 강남구의 이른바 '대장 아파트'에 투자했는데 시세가 상승기에는 완만하게 오르고 하락기에는 급격하게 내려간다는 사실이다.

그렇다면 오랜 시간 투자해온 투자의 고수들은 어떨까? 이들은 딱히 선호하는 지역이 없다. 이들에게는 자신이 선호하는 입지는 중요하지 않다.

주변에 집창촌이 있든, 미군이 주둔하든, 조선족이 거주하든, 실거주 조건들이 최악이든 확실한 도시계획상 개발계획이 있고 고시문에

명문화가 되어 있다면 과감히 선점한다. 이들은 2가지만 따진다.

돈을 많이 벌 수 있는가?

투자금을 빠르게 회수할 수 있는가?

고수와 대중은 수익 실현 구간이 다르다

결국 매도를 해야 수익과 손실이 결정된다. 그래서 목표한 시세에 도달했을 때 매도해야 한다. 안타깝지만 내 생각에는 대부분의 사람에게 구체적인 목표가 없다. 예컨대, 2년 이내에 매도하면 양도소득세가 발생하기 때문에 국가에 세금 내는 것이 손해라고 생각해서 최소 2년 이상은 보유해야 한다고 생각하며 버틸 뿐이다. 많은 인플루언서가 '양도소득세 최소화'를 최고의 투자라고 부추기고 있기도 하다.

준비되지 않은 투자자는 매물을 매수하는 기준도 '남들이 부러워하는 매물'에 초점에 맞춰진다. 이는 남들이 "어디 샀어?"라고 물어보면 당당하게 이름을 말할 수 있는 아파트를 의미한다. 화려한 인테리어에 쾌적한 주방을 갖추고 사진이 예쁘게 나오는 아파트다.

그러나 고수들은 예쁜 인테리어든, 벽에 곰팡이가 가득하든 상관없다. 그리고 투자한 매물이 완만하게 상승하는 것을 달가워하지 않는다. 투자했으면 화끈하게 올라줘야 한다는 게 그들의 생각이다. 예컨대 투자금 1억 원으로 단 3개월 만에 1억 원 상승할 수 있는 매물을 선호한다. 상승기에만 돈을 벌고 하락기에는 수익을 토해내야 하거나 투자를 쉬어야 하는 매물을 가능한 피한다.

즉, 고수들은 시세가 단기간에 '계단식 상승'할 수 있는 매물을 선호한다. 계단식 상승을 했다는 것은 그래프가 급격히 상승하기 직전에 '어떤 사건'이 발생했다는 뜻이다. 어떤 사건은 바로 지자체장의 인허가를 의미한다. 지자체장의 인허가를 받는 매물의 유형이 무엇일까? 흔히 알고 있는 재개발·재건축도 이런 유형에 속한다.

이왕 투자한다면 빠르게 현금으로 회수하면 좋지 않을까? 현금을 빠르게 회수하려면 즉, 빠르게 수익을 내려면 **지자체장의 인허가를 빠르게 받을 수 있는 매물**이 유리하다. 그래서 거점을 파악하는 것이 굉장히 중요하다. 도시계획상 거점으로 지정된 곳은 빠르게 개발되어야 할 곳이기 때문에 **지자체장의 행정적 지원**(인허가 및 용도 변경 등)을 받을 수 있다. 고수들은 실거주 여건이 열악해도 지자체장의 인허가를 빠르게 받아 돈이 될 것 같다면 주저하지 않고 매수한다. 다시 한번 강조하지만 계단식 상승의 핵심은 '지자체장의 인허가'다. 안전진단, 조합설립인가, 사업시행인가와 같은 단계들이 이루어질 때마다 시세가 계단식으로 상승하기 때문이다. 그래서 '거점 지역'에 있는 '인허가가 빠른' 재개발·재건축 매물은 인허가가 날 때마다 시세가 빠른 속도로 계단식 상승을 하지만, 이 요소 중에서 하나라도 빠지면 속도가 느리거나 계단식 상승이 쉽지 않다.

거점은 아니지만 재개발·재건축 매물이라면 계단식 상승을 할까? 인허가를 받는다면 상승을 하기는 한다. 그러나 거점이 아니기 때문에 지자체장 입장에선 인센티브(용도 변경, 용적률 상향, 건축비 대출 지원, 건축법 완화 등)까지 주면서 빠르게 인허가를 해줄 명분이 없다. 거점이 아닌 곳이라면 조합원의 단합력이나 사업성이 매우 뛰어나지 않는 이상 시간이 오래 걸린다.

결국 거점 여부가 중요하다. 원래 거점이 아니라서 인허가가 지지부진하던 재개발구역도 지자체장이 바뀌고 신규 거점이 되면서 빠르게 인허가를 받는 경우도 많다. 그래서 도시계획을 꾸준히 공부하면 하락기에도 기회가 늘 있다는 것을 깨닫게 된다.

대체 '거점'과 '입지'는 무슨 차이일까?

노련한 투자자는 매물의 시세가 계단식으로 가파르게 오르는 거점 단계에서 큰 수익을 내고, 개발이 완료되어서 실거주가 가능한 입지가 되었을 때 실거주 여건을 중시하는 사람들에게 매도한다. 이런 식으로 '거점'이었던 지역에 뉴타운, 신도시 사업이 끝나면 그곳은 실거주가 가능한 '입지'가 된다. 이때 많은 사람들은 입지가 된 지역에 입주권, 분양권 투자로 진입하기 시작한다. 하지만 하락장이 시작되면 입주권, 분양권 시장에 뒤늦게 참여한 사람들은 낭패를 볼 수밖에 없다.

원래 청약은 상승기 초반에 최적화된 시장이다. 상승장이 과열되면 가장 먼저 청약 시장이 규제를 받는다. 전매 제한이 등장하고 대출 규제가 더해지며 청약 가점까지 높아지면서 진입 장벽이 높아진다. 실

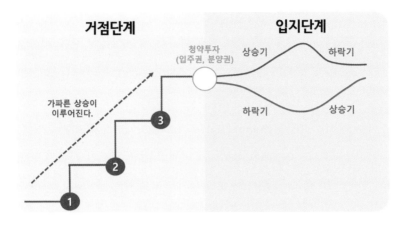

거점 단계일 때와 입지 단계일 때 시세는 보통 이러한 흐름을 따라간다.

거주 의무가 끝난 다음 받아줄 수 있는 대중이 시장에 없을 때는 급매 밖에 방법이 없다. 그래서 유독 청약 투자 강의가 상승장에서 각광받는다. 하지만 좋은 때를 만나지 못한다면 '더 큰 바보 이론'의 피해자가 될 것이다.

우리가 노려야 할 부동산

고수들은 돈을 벌 수 있는 매물에 거침없이 투자한다. 고수의 **행동력은 꾸준한 공부에서 나온다.** 냉혹한 사실이지만 투자에 급히 뛰어든 사람들이 돈을 버는 시장은 없다. 원주민이 돈을 버는 시장도 없다. 좋은 시기를 만나서 돈을 벌었다 하더라도 하락기에 그 수익을 지키지 못한다. 고금리에 겁을 잔뜩 먹은 대중은 규제가 완화되더라도 하락기에는 행동하지 않는다. 오히려 급매를 노리기 때문에 대중이 선호하는 유형의 부동산에는 관심을 두지 말아야 한다.

고수들은 상승기, 하락기와 상관없이 행동하기 때문에 고수들이 선호하는 부동산의 유형에만 투자해야 한다. 그것은 **거점에 위치해서 빠른 인허가를 받을 수 있는 부동산**이다.

훈련되지 않은 투자자는 이런 곳에 수천만~수억 원이나 투자하지 못할 것이다. 하지만 이런 곳이 진짜 돈이 되는 투자처다.

3장

디벨로퍼의 눈으로 보는 부동산

'현명한 투자자라면 고수가 선호하는 유형의 매물에 투자해야 한다.'

이것을 이해했다면 대한민국 부동산 투자자 상위 5%만의 투자 개념 공부로 넘어갈 수 있다.

지금부터 설명할 개념을 활용하면 이 책의 서두에 언급했던 성수동 연립주택 사례처럼 단기간에 놀라운 수익을 기대할 수 있을 것이다. 투자에서 매우 중요한 부분이며, 소수의 부자만 깨닫고 활용하는 투자 전략이다. 칼럼이나 강의에서도 잘 언급하지 않고 있으며 오직 고액 컨설팅 회원에게만 교육하는 내용이기도 하다.

급등하는 '초반 한 포인트'만

도시계획은 정치인들이 만들기 때문에 선거에 의해서 정치인들이 교체되면 언제든지 바뀔 수 있다. 그 결과 기존에 개발 기회를 받던 곳이 기회를 잃고 새로운 지역이 기회를 받는 경우가 비일비재하다. 후임자(대통령, 장관, 시장, 구청장 등)가 전임자의 업적을 지우고 자신의 업적을 과시할 곳을 찾는 것이다. 아니면 기존에 잘 진행되던 재개발 사업이 건축비 상승, 비대위 반대 등 통제할 수 없는 변수에 의해 지지부진해지거나 무너지는 경우도 종종 있다. 그렇기 때문에 확실한 한 번의 상승 구간에서만 기계적으로 수익을 내고 매도하는 게 안전하다.

그래서 나는 평소 수강생들에게 투자 기간은 약 2년이라고 말해주고 있다. 2년이라는 기간도 절대적이지 않다. 6개월 만에 수익을 내고 매도하는 경우도 많다. 유연한 자세로 상황을 지켜보면서 잘 대응하는 것도 투자자의 덕목이다.

'초반 한 포인트'가 중요하다. 비록 불확실성은 존재하지만 계단식 상승의 첫 시세 상승 구간에서 시세가 가장 많이 오르기 때문이다. 전업투자자들도 투자할 때 사실 초기 단계의 재개발 매물을 선호한다. 서울 외곽 지역의 1~2억 원짜리 빌라가 재개발구역 지정 이후에 4~5억 원으로 확 뛰어오르기도 한다. 도시계획을 정확하게 분석할 수만 있다면 '초반 한 포인트'만 노려도 확률 높은 투자를 할 수 있다.

안양삼성아파트(산본동 1028)는 2021년 1월부터 2022년 1월까지 무려 2억 2500만 원 올랐다. 2억 2500만 원의 상승분 중 1억 4500만 원은 불과 3개월 만에 상승했다. 2022년 초까지 4억 6000만 원이었던 성수동의 홍익빌라2차(성수동2가 268-2)는 2022년 8월에 4배 이상 폭등해 18억 750만 원이 되었다.

왜 첫 단계에 시세가 가장 많이 오를까? 조금만 생각해보면 당연한 이치다. 불확실성(정비구역 미지정 등)이 짙은 상황이 확실성(정비구역 지정, 안전진단 통과 등) 있는 상황으로 바뀌는 순간이기 때문에 기대 심리가 반영되어 가장 많이 오른다.

이런 경향은 규제로 인해 더 강해졌다고 볼 수 있다. 과거에는 첫 단계에 이렇게까지 많이 오르지 않았는데 조합원 지위 양도 불가 등의 규제 덕분에 개발 사업 후반에 붙어야 할 프리미엄이 첫 단계에 붙었다. 노련한 투자자는 규제마저 기회로 삼아 큰돈을 벌었다.

전문 투자자들이 불확실성이 있는 첫 번째 단계에서 선진입하기 때문에 많이 오르는 경향도 있다. 이들 중에서는 오픈채팅방 운영자, 유명 블로거, 유튜버 등 자신이 보유한 매물을 많은 사람에게 홍보할 수단이 있는 인플루언서도 있다.

우리의 목표가 빠르게 부자가 되는 것이라면, 다시 말해 오직 돈 버는 게 목적이라면, 10년 동안 투자해서 5억 원을 버는 장기 투자가 아니라 단 1~2년 만에 소액으로 5억 원을 벌 수 있는 단기 투자를 반복해야 한다. 많은 분들에게 이런 질문을 받곤 한다.

"단기 투자를 할 때 정확한 매도 타이밍이 어떻게 되나요?"

"그냥 2년 기다리면 되나요?"

상황에 따라 다르겠지만, 원칙적으로 투자 기간은 2년이다. 그러나 이슈가 생기면 매도를 고려해야 한다. 예를 들면 재개발 이슈가 발생하면 가격이 반드시 급등한다. 우리의 투자 전략은 도시계획을 분석해서 저점일 때 선점하고 재개발 이슈가 발생한 후 몰려드는 사람들에게 매도하는 것이다. 그리고 또다시 초반 한 포인트가 오를 곳에 들어간다. 투자자는 원칙을 지키는 것도 중요하지만 대응을 잘해야 한다. 예를 들어 2년 보유를 원칙으로 잡았지만 보유한 지 10개월 만에 특정 이슈가 생겼다면 이 시점을 매도 기준으로 잡는 게 좋다.

초반 한 포인트는 가장 크게 상승하는 구간이지만 정비 사업은 언제든지 쉽게 무너질 수 있다. 안전한 투자를 염두에 둔다면 '최고점까지 이익을 가져가겠다'라는 생각은 버리는 게 좋다. 유능한 투자자는 최고점까지 기다리는 사람이 아니라 오를 매물을 꾸준히 찾는 사람이다.

도시정비법 개정이 부른 새로운 투자 환경

2022년 6월 1일 개정된 도시정비법에 따라 정비계획서에는 추정 분담금 추산액 및 산출 근거가 포함된다. 이 개정안에는 우리가 주목해야 할 포인트가 있다. 앞으로는 정비계획서에 추정 비례율, 추정 종전자산평가액, 추정 분담금이 포함되어야 한다는 내용이다.

기존 재개발·재건축 사업 추진 이후에 조합원들에게만 공개되었던 사업성을 2023년 이후부터는 모든 국민이 볼 수 있도록 공개하겠다는 의미다. 그렇다면 이게 대체 왜 중요할까? 재개발·재건축 사업성이 공개되면 투기꾼이 대중을 현혹하던 초기 재개발·재건축 매물, 다시 말해 입지가 좋아서 사업성이 보장된다고 홍보했던 매물이 사실은 엉망이었다는 게 알려진다. 결국 사업성이 나쁜 매물을 받아줄 사람은 없어질 것이다. 반면에 사업성이 좋은 재개발·재건축구역에는 투자자들이 대거 몰려 하락기에도 '초반 한 포인트' 정도는 우리가 상상하는 것 이상으로 시세가 크게 오를 것이다. 상황이 이렇게 급변하고 있기 때문에 전문 투자자들은 스스로 재개발·재건축 사업성을 분석하여 선점한 후에 사업성이 좋다는 것이 정비계획서에 공인되는 그 순간 크게 '한 포인트' 먹고 매도할 것이다. 투자는 그렇게 해야 한다.

2022년 12월 11일 이후에 수립되는 정비계획은 사업성을 공개해야 한다. 그래서 2022년 12월 15일 공람 공고된 서울시 마포구 성산시영아파트 정비계획에는 토지 등 소유자별 분담금 추산액 및 산출 근거가 제시되어 있다(마포구 공고 제2022-1679호 참고).

성산시영아파트는 서울시 도시계획상 상암 DMC 광역중심지(광역 일자리)의 배후 주거지다. 신규 일자리에서 근무하는 사람들을 위한 신축 아파트가 필요하기 때문에 거점 배후의 노후 정비 사업지는 행정적 지원을 받아 인허가를 빠르게 받거나 인센티브를 받는 게 일반적이다. 성산시영아파트는 인근에 수색증산 뉴타운, 가재울 뉴타운이 있고, 계속해서 주변에 신속통합기획, 모아타운도 지정될 정도로 지자체장이 밀어주는 사업지다.

노련한 투자자들은 이런 점들을 간파하고 서울 변두리 지역에 투자해서 돈을 잘 벌고 있다. 따라서 단순히 신속통합기획, 모아타운,

마포구 성산시영아파트 주택재건축 정비사업
정비계획 수립 및 정비구역 지정(안) 공람·공고

1. 서울특별시 마포구 성산동 446번지 일대 성산시영아파트 재건축사업 정비계획 수립 및 정비구역 지정(안)에 대하여 주민의견을 청취하고자 「도시 및 주거환경 정비법」 제15조 제1항 및 같은법 시행령 제13조의 규정에 따라 다음과 같이 공고하고 관련 서류를 공람합니다.

2. 본 재건축사업 정비계획(안)에 대하여 의견이 있을 경우 토지등소유자 및 이해 관계인은 공람기간 내에 의견서를 공람장소로 제출하여 주시기 바랍니다.

2022년 12월 15일

서울특별시 마포구청장

가. 공람기간 : 2022. 12. 16.(금) ~2023. 1. 17.(화)

나. 공람장소 : 마포구청 주택상생과(☎02-3153-9323), 성산2동 주민센터(☎02-3153-6920)

다. 공람내용 : 성산시영아파트 주택재건축 정비사업 정비계획 수립 및 정비구역 지정(안)
   1) 정비구역의 명칭 : 성산시영아파트 주택재건축 정비사업
   2) 정비구역의 위치 및 면적

구 분	정비사업 명칭	위 치	면 적(㎡)	비 고
신규	성산시영아파트 주택재건축 정비사업	마포구 성산동 446번지 일대	182,618.4	

3) 토지등 소유자별 분담금 추산액 및 산출근거

추정 비례율	• 추정비례율 산정방식 : (총 수입 - 총 지출) / 종전자산 총액 × 100% • 추정비례율 = 100.46% - = (62,652억 - 19,897억) / 42,560억 × 100 = 100.46% - 총수입 추정 : 62,652억 - 총지출 추정 : 19,897억 - 종전자산 추정 : 42,560억
개별 종전자산 추정액	• 개별 공시가격 : 부동산공시가격알리미(www.realtyprice.kr)에서 개별 공시가격 확인 • 공동주택 소유자 = 공동주택 공시가격 × 보정률(1.46) ※ 공동주택은 공시가격에 토지평가액 포함하며 상기 보정률은 kb평균거래가격과의 격차비율임 • 상가 소유자 = 토지가격 + 건물가격 - 토지 = 개별공시지가 × 토지면적 × 보정률(2.07) - 건물 = 연면적(가액 140만원/3.3㎡) × 연면적 ※ 건물의 경과년수는 경과연수 35년 기준 평균 약 140만원/3.3㎡ 추정
추정 분담금 산출	• 추정분담금 산정방식 = 권리자 분양가 추정액 - (종전자산 추정액 × 추정비례율) <table><tr><td>권리자 분양가 추정액</td><td>추정 권리가액(b)</td><td>추정분담금</td></tr><tr><td>전용 49㎡형 10.05억</td><td></td><td></td></tr><tr><td>전용 59㎡형 12.39억</td><td>개별 종전자산 추정액 × 추정비례율(100.46%)</td><td>권리자분양가 추정액 - 추정 권리가액 (+: 부담 / -: 환급)</td></tr><tr><td>전용 74㎡형 14.32억</td><td></td><td></td></tr><tr><td>전용 84㎡형 15.24억</td><td></td><td></td></tr><tr><td>전용 118㎡형 19.61억</td><td></td><td></td></tr></table>

※ 관리처분계획인가 시 개별 물건에 대한 종전자산 감정평가 및 분양가격 확정 등에 따라 변경될 수 있음

4) 정비계획(안)
가) 토지이용에 관한 계획

구 분		명 칭	면 적(㎡)	비 율(%)	비 고
합 계			182,618.4	100.0	
정비기반시설 등		소 계	21,330.9	11.7	
		도 로	6,830.9	3.8	월드컵북로(존치)
		공 원	14,500.0	7.9	문화공원
획지		소 계	161,287.5	88.3	-
		획지1	121,951.3	66.8	공동주택용지
		획지2	38,336.2	21.0	
		획지3	1,000.0	0.5	유치원용지

성산시영아파트의 정비계획에는 토지 등 소유자별 분담금 추산액 산출 근거 항목이 있다.

출처: 마포구 공고 제2022-1679호

아이 키우기 좋은 도시 서울, "엄마아빠 행복 프로젝트"

서 울 특 별 시

서울시 홈페이지

seoul.go.kr

수신   수신자 참조

(경유)

제목   추정분담금 검증위원회 검증절차 이행 안내

1. 주거정비과-8902(2020.6.18.)호와 관련입니다.

2. 2022.6.10.개정(시행 2022.12.11.)된 「도시 및 주거환경정비법」제9조제1항제2의2호에
   따라 정비계획 내용에 '토지등소유자별 분담금 추산액 및 산출근거'가 포함되어야 하는 바,

3. 합리적인 정보제공이 될 수 있도록 「정비사업 추정분담금 검증위원회 운영기준」 제6조
   제1항제4호에 따라 **주택정비형 재개발사업 정비계획 수립(변경포함)** 단계에서 '자치구
   추정분담금 검증위원회' 검증을 요청하오니 관련절차가 누락되지 않도록 조치하여 주시기
   바랍니다.

   ※ 단, 한국부동산원을 통해 추정분담금 검증을 거치는 공공재개발사업은 제외

붙임 「추정분담금 검증위원회」 운영기준 등 개선 시행 알림 공문(주거정비과-8902, '20.6.18.) 1부. 끝.

서 울 특 별 시 장

수신자   서울특별시중구청장(도심정비과장), 용산구청장(재정비사업과장), 성동구청장(주거정비과장),
         광진구청장(주거사업과장), 동대문구청장(주거정비과장), 중랑구청장(주택개발추진단장), 성북
         구청장(주거정비과장), 강북구청장(주택과장), 도봉구청장(주택과장), 노원구청장(재건축사업과
         장), 은평구청장(정비사업신속추진단장), 서대문구청장(도시재정비과장), 마포구청장(주택상생
         과장), 양천구청장(도시계획과장), 구로구청장(주택과장), 금천구청장(주거정비과장), 동작구청
         장(도시정비1과장), 관악구청장(주택과장), 서초구청장(재건축사업과장), 강남구청장(재건축사
         업과장), 송파구청장(주택사업과장), 강동구청장(주택재건축과장), 영등포구청장(주거사업과
         장), 강서구청장(도시재생과장), 종로구청장(도시개발과장)

주무관   서상혁   재개발관리팀장병혁   주거정비과장   전결 01/03
                 장   임인구

협조자   조합운영개선팀장이재훈   공공지원실행팀장 정재현

시행   주거정비과-158   (2023. 1. 3.) 접수   (   )
우 04514 서울특별시 중구 서소문로 124 13층 (서소문동) / http://www.seoul.go.kr
전화 02-2133-7187   /전송 02-2133-0758   / se0sh@seoul.go.kr   / 부분공개(6)

서울시가 25개 구로 보내 사업성 공개를 강조하는 공문이다.

출처 : 서울정보소통광장

공공재개발, 소규모주택 정비관리지역 선정이 중요한 게 아니다. 결국 이런 지역들 가운데 사업성이 좋지 못한 곳들은 지정 이후에 지지부진하다가 대거 해제될 가능성이 높다. 아무 지식 없이 매수했다간 10~20년 이상 크게 물릴 수도 있다는 의미다.

서울시의 '공문서'를 보면 사업성 공개에 진심이라는 것을 알 수 있다. 법률 개정 초반 몇몇 자치구에서 정비계획서에 사업성을 누락하자 서울시가 2023년 1월 3일 각 자치구로 공문 하나를 보낸 것이다. 공문의 내용을 요약하면 이렇다.

공개해야 하는 거 누락하지 말고 각 자치구가 알아서 정비계획 수립 단계에서 추정 분담금을 제대로 검증해서 서울시로 올려라!

왜 이 정도로 서울시가 빠르게 행동하고 있을까? 이는 사기 피해를 방지하기 위한 노력으로 해석할 수 있다. 재개발·재건축 사업은 투기꾼과 선동꾼, 사기꾼들의 세상이라고 해도 과언이 아니다. 사업 초반에 사업성을 공개하면 부동산 사기로 인한 피해자를 줄일 수 있을 것이다.

재개발 투자자와 디벨로퍼

앞서 언급했듯이 기본적으로 부동산 투자는 **나 다음으로 받아주는 사람**이 있어야 수익을 낼 수 있다. 그렇기 때문에 다음으로 받아주는 사람이 누구인지가 매우 중요하다. 매수자의 자금력과 보상 수준이 결국 내 수익을 결정하기 때문이다.

매수자가 개인 투자자일 경우와 디벨로퍼(건설사 등에서 부동산 개발을 하는 사람)인 경우, 누가 나에게 더 많은 보상을 해줄 수 있을까? 다시 말해 누구의 자금력이 더 좋을까? 당연히 디벨로퍼다. 실제로 이 원리를 아는 투자자들은 디벨로퍼의 눈길을 끄는 매물을 선점해서 큰돈을 벌었고, 지금도 벌고 있다.

대표적인 부동산이 성수동의 준공업지역에 있는 연립주택이다. 이곳 부동산의 시세 상승분은 안양삼성아파트의 시세 상승분을 한참 멀리 추월했다. 재개발 매물인 안양삼성아파트는 개인이 받아주지만, 성수동 준공업지역의 연립주택은 디벨로퍼가 받아줬기 때문이다. 그래서 현명한 투자자는 이렇게 생각한다.

'과연 이 매물이 사업성이 좋아서 높은 건물을 지어 분양을 많이 할 수 있는가? 만약 디벨로퍼가 매수해주지 않는다고 해도 사업성이 좋은 매물인가?'

이 책을 다 읽었을 때는 여러분도 그렇게 생각하게 될 것이다.

우리가 직접 짓지 않아도 된다

부동산 투자의 끝판왕은 건축이다. 금리가 인상되는 2023년과 같은 시기에도 많은 디벨로퍼가 위험을 안고 사업을 하는 이유이기도 하다. 이들의 목표는 건물을 높게 지을 수 있는 땅을 저렴하게 매수해서 건물을 짓고 비싸게 분양해서 수익을 극대화하는 것이다.

2010년대부터 서울시는 역세권 중심으로 고밀도 개발을 했다. 이 개발 방식은 지방으로 퍼졌다. 눈치 빠른 투자자들은 여기에 투자해서 쉽게 큰돈을 벌었다. 디벨로퍼들은 더 나아가서 역세권뿐만 아니라 다양한 정책을 분석하여 고밀도 개발을 시도하고 있다. 그렇기 때문에 이 원리만 알고 있으면 서울과 지방을 가리지 않고 어디에서든 그 누구보다 기간 대비, 투자금 대비 많이 벌 수 있다.

그렇다면 우리가 직접 건축을 해야 할까? 그럴 필요 없다. 어차피 위험 부담은 디벨로퍼들이 질 것이다. 우리는 그들에게 좋은 값에 매도하면 끝이다.

디벨로퍼들이 거점을 선호하는 이유는 무엇일까? 일반적으로 도시계획상 거점에 고밀도 개발을 할 경우, 도시형생활주택이나 오피스텔 등을 지으면 미분양 시 LH, SH 등이 미분양 매물을 매수해준다. 거점은 대출 인센티브를 받기 때문에 건축비의 100%까지 대출이 되는 경우가 많다. 심지어 대출 이자도 추가 대출이 된다.

그러면 이해를 돕기 위해서 성수동 연립주택을 면밀하게 분석하겠다. 성수동 연립주택 사례는 제대로 공부해야 한다. 나에게 투자를 배운 사람들은 이런 공식을 2020년부터 공부해서 성수동 연립주택을 실제로 많이 매수했다.

홍익빌라2차

- 성수동2가 268-2
- 33년 차 노후 빌라
- 준공업지역(용적률 400%, 높게 지을 수 있는 땅.)
- 재개발·재건축구역 아님
- 2020년 8월에 4억 6000만 원으로 매수(실투자금 약 3억 원)
- 2022년 6월에 18억 750만 원으로 매도
- 22개월 동안 약 13억 원 수익

홍익빌라2차는 재개발·재건축 매물이 아님에도 불구하고 갭 투자금 3억 원으로 약 2년 만에 13억 원 이상 오른 가격으로 거래됐다. 매수 시점이 부동산 상승기였고, 3억 원으로 서울에 갭 투자할 아파트도 많았다. 나는 당시 홍익빌라2차를 1순위로 추천했다.

2020년에는 4억 원대였던 이 매물을 2022년에 한 매수자가 18억 원으로 매수했다. 2022년에 매수한 이 사람은 누굴까? 개인은 저런 보상을 할 수 없다. 매수자는 디벨로퍼다. 이들은 본인 자금으로 매수하는 게 아니라 은행 대출로 땅을 매수한다. 그렇기 때문에 보상액 자체가 일반 투자자들보다 세다. 디벨로퍼들은 보통 작업을 할 때 이렇게 말한다.

"내가 시세 대비 3배 보상할게요! 대신 빠른 시일 내에 집을 비워주세요!"

그렇다면 성수동 투자자라면 한 번쯤 투자를 고려하는 성수전략정비구역 매물은 어떨까? 박원순 전 서울시장 재임 기간에 마련된 한강변 개발 제한 규정, 토지 거래 허가제 때문에 상당 기간 눌려 있는 양상을 보인다. 그래서일까? 언론은 오세훈 서울시장 취임 이후 사업이 나름 잘 진행되고 있다고 보도했다. 성수전략정비구역에는 호재가 넘쳐나는 것처럼 보였다. 하지만 하락장이 가시화된 2022년에는 거래량이 증발했다. 다음은 성수전략정비구역 매물 거래 사례다.

진주타운

- 성수동2가 590-1
- 40년 차 노후 빌라
- 3종 일반주거지역
- 성수전략정비구역 내 매물
- 2019년 12월에 12억 원으로 매수(실투자금 약 10~11억 원)
- 2021년 7월에 17억 원으로 매도
- 10개월 동안 약 5억 원 수익

결론적으로 누구는 입지 좋다고 소문난 재개발 매물(진주타운)을 10억 원이나 주고 투자해서 5억 원을 버는데, 재개발도 아닌 매물(홍익빌라 2차)이 단기간에 재개발 매물보다 더 많이 상승했다.

특별한 사례가 아니다. 이 분야의 수익 구조가 원래 이렇다. 그래서 이런 원리를 터득한 고수들은 어지간해선 다시 재개발·재건축 투자를 하지 않는다. 재개발·재건축마저도 비효율적이라고 느끼는 것이다. 그리고 이러한 투자 방식을 누구에게도 말해주지 않는다. 홍익빌라2차 인근의 홍익빌라(성수동2가 268-4)도 마찬가지다. 이 빌라는 2021년 8월에 8억 4000만 원에 매수해서 2022년 6월에 20억 9018만 원에 매도했다. 약 1년 만에 13억 원에 달하는 수익이다. 특이한 점은 누군가가 동시에 11명에게 평균 20억 9018만 원씩 보상했다는 점이다. 홍익빌라2차의 매도 시기와 일치한다. 같은 업자가 인접한 빌라들을 매수하고 있는 것이다. 빌라가 있던 자리에 높게 건물을 지어 분양을 많이 하고 싶기 때문에 이렇게 매수하는 것이다. 마찬가지로 18명에게 19억 9308만 원을 동시에 보상했다. 여기도 디벨로퍼에 의한 보상이 이루어졌다는 의미다. 또한 모두 '첫 포인트' 상승 사례다. 첫 포인트에 가장 많이 오른다. 인근의 장안타운(성수동2가 269-28)도 2022년 9월에 11명에게 각각 22억 5727만 원을 보상했다. 디벨로퍼에 의한 보상이라고 추정할 수 있다.

왜 이런 현상이 나타났을까? 성수동에는 평당 2억 원 상당에 거래되는 건물도 있다. 디벨로퍼 입장에서도 평당 2억 원은 상당한 부담이다. 그렇다고 건설 사업을 포기할까? 아니다. 이들은 틈새시장, 저평가된 지역을 발굴한다. 그들의 눈에 들어온 것이 바로 성수동 연립주택이었다. 그들 입장에서는 연립주택이 평당 2억 미만으로 매수할 수 있는 저렴한 매물이었던 것이다.

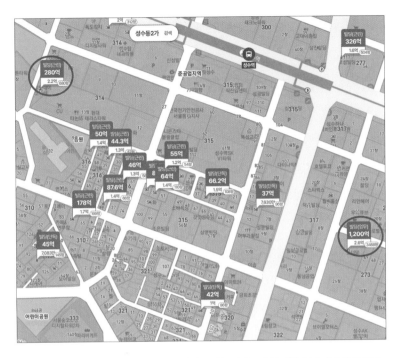

성수동 준공업지역의 허름했던 공장과 연립주택은 평당 2억 원 이상으로 거래되고 있다.

출처: 부동산플래닛

비슷한 곳에 위치한 정안맨션3차(성수동2가 265-4)는 소규모 재건축을 진행하는 매물이다. 당연히 첫 포인트에 가장 많이 올랐다. 그런데 최고가 7억 원을 찍은 이후에는 거래가 없다. 바로 조합설립인가 후 지위 양도 제한에 걸렸기 때문이다. 즉, 단계별 상승이 제도적으로 막혀버린 것이다. 이후 정안맨션3차 소유주들은 소규모 재건축을 포기하고 디벨로퍼에게 통매각하는 카드를 만지작거리고 있다(2023년 1월 기준). 제도적으로 빠르게 수익을 낼 수 있는 소규모 재건축을 선택했지만 결국 디벨로퍼가 보상하는 수익에 비해서는 턱없이 부족하기 때문이다.

이것을 모르는 보통 투자자들은 재개발·재건축이 최고의 투자라고 생각한다. 투자를 제대로 아는 투자자는 다르게 생각한다. 즉, 사람들이 '부동산 투자 고수'하면 떠올리던 사람들은 진짜 고수가 아닐 수 있다. 실거주 여건과 입지를 꿰고 있는 재개발·재건축 강사들이 대단해 보일 수도 있겠지만 나는 그들이 고수와 하수 사이에 있는 중수 정도라고 생각한다. 나 또한 투자자의 요청이 있기도 하고 투자자들도 기본은 알아야 하기 때문에 재개발·재건축 강의를 한다. 하지만 재개발·재건축 강의를 할 때도 실거주 여건과 입지 중심으로 매물을 보라는 것이 아니라 '남들이 모를 때 선점'하는 것에 초점을 맞추고 있다.

고수는 디벨로퍼에게 팔 부동산을 선택하고 중수는 재개발과 재건축을 선호한다. 입주권, 분양권, 신축 아파트, 신축 상가, 오피스텔은 투자를 공부할수록 비효율적이라는 사실을 알게 될 것이다.

상위 5% 투자자의 선점 타이밍

디벨로퍼를 염두에 두고 투자하는 사람은 분명 상위 5% 투자자다. 그들이 노리는 매물을 우리가 먼저 선점할 수 있다면 리스크 없이 소액으로 단기간에 큰 수익을 낼 수 있다.

내가 운영하는 네이버 카페 서집달에는 '적중 글'이 자주 올라온다.

강의, 칼럼, 유튜브, 컨설팅에서 소개한 매물들에 이슈가 빠르게 발생해서 가격이 상승하기 때문이다. 내가 예언자나 신이라서 적중하는 게 아니다. 도시계획과 고시문들을 분석할 수 있고, 개별 사업성을 계산할 수 있고, 상위 5% 투자자들의 매수 패턴을 알기 때문일 뿐이다. 이 패턴만 알면 상위 5% 투자자보다 먼저 선점하여, 자금력이 큰 디벨로퍼에게 큰 보상을 빠르게 받을 수 있다. 다시 한번 강조하지만 직접 건축하지 않아도 된다. 그러면 이제부터 '상위 5% 투자자보다 먼저 선점하는 방법'을 설명하겠다.

디벨로퍼들은 절대로 자신의 돈으로 사업을 하지 않는다. 앞서 서두에도 설명했지만 디벨로퍼들은 남의 돈(대출)으로 사업을 하는 게 일반적이기 때문에 주로 은행이나 증권사 PF 대출을 받는다. 그리고 대출에는 담보가 필요하다. 실체가 없는 무형의 담보도 가능하다. 예를 들어, 디벨로퍼가 대출을 받으러 은행에 가면 지점장은 이렇게 말할 것이다.

"사업비 200억 원 대출해줄게요. 대신 서울시장의 직인이 있는 확정된 도시계획 공문서 한 장 제출하세요."

도시계획만으로도 대출이 가능하다. 그래서 디벨로퍼에게는 이 종이 한 장이 반드시 필요하다. 디벨로퍼가 분석력이 아무리 좋아도 대출을 받으려면 도시계획 공문서가 확정되어야 한다. 그렇다면 우리는 이러한 구조적인 기회를 이용하는 것이다. 도시계획이 확정되기까지 크게 세 단계가 있다.

1단계. 용역발주 (확정 전)

특정 지역을 개발할 필요성이 있는지 외부 전문기관에 용역을 주어 검토하는 단계다.

2단계. 도시계획위원회 심의 (확정 전)

용역 결과, 개발의 필요성이 있다고 판명되면 위원회의 심의를 거치는 단계다.

3단계. 지자체장 승인, 확정·고시 단계 (확정 후)

도시계획위원회 심의를 통과하고 사전 주민 의견을 구하는 조사 단계를 거친 후 해당 지자체장의 직인이 찍힌 고시문이 올라오면서 도시계획이 확정·고시되는 단계다.

우리는 1, 2단계를 잘 분석해서 디벨로퍼보다 아주 저렴한 가격으로 선점하면 된다. 계획이 계획으로 끝나는 경우가 더 많기 때문에 도시계획상 거점을 반드시 파악해야 하고, 해당 거점이 현재 지자체장이 평소에 관심을 둔 곳인지 면밀히 분석할 필요가 있다.

이 방법이 조금 어렵다면 **지자체장 승인, 확정·고시 단계**에 디벨로퍼들과 경합하여 최대한 좋은 매물을 저렴하게 매수하여 언론에 보도된 이후 몰려드는 사람들에게 비싸게 매도하는 방법도 있다. 즉, 대중과 반대로 가는 전략이다. 어차피 대부분 사람들은 고시문은 싫어하고, 뉴스나 인플루언서의 입을 더 좋아한다.

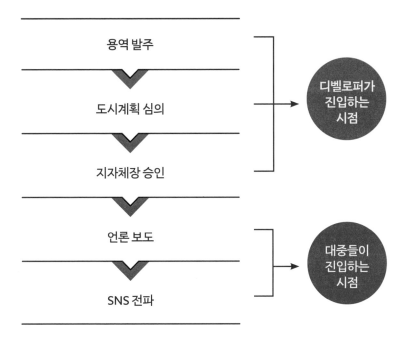

용역 발주

도시계획 심의

지자체장 승인

언론 보도

SNS 전파

디벨로퍼가
진입하는
시점

대중들이
진입하는
시점

디벨로퍼가 매수하기 직전, 혹은 대중의 진입 시점 직전에 매수하면 빠르게 수익을 실현할 수 있다.

　다만, 공부도 안 한 상태에서 쉽게 할 수 있는 투자법이 아니다. 그렇기 때문에 공부해서 투자의 그릇을 키워야 한다. 딱 1년만 사생결단을 낼 기세로 공부하면 된다.

　꼬마빌딩 투자, 건물 투자를 한다면서 직접 신축한다? 힘들게 그런 거 하지 말자. 나중에 돈 많이 벌고 시간이 남아돌 때 건축법을 제대로 배워서 신축해도 늦지 않는다. 매물을 제대로 선점할 수 있는 실력자가 되는 것이 먼저다.

소액으로 할 수 있는 비주택 투자

디벨로퍼에게 부동산을 매도하는 것은 사실 일반인이 평생 해보기 어려운 경험이다. 대부분 뜻밖에 찾아온 행운처럼 여겨질 것이다. 하지만 앞서 말한 투자의 원리를 깨우쳤다면 실력으로 기회를 잡을 수 있다. 남에게는 평생 한 번 올까 말까 하는 로또 당첨과 같은 기회들을 수차례 잡을 수 있는 투자 전략이라는 것이다.

부자가 되려면 확률이 높은 쪽에 투자해야 한다. 남들보다 훨씬 많이 벌 수 있고 남들은 잃을 때 나는 잃지 않는 원리를 알고 있다면 집중적으로 공부해보는 것이 좋다. 그런 원리를 터득하지 않는 이상 투자는 도박이나 복권과 다를 바 없다. 투자는 행운이 아니다. 행운의 영역으로만 여겨졌던 것들도 자세히 뜯어보면 누군가의 실력이라는 것을 명심해야 한다.

상위 5%의 투자법

디벨로퍼들의 행동 패턴을 공략하는 '상위 5%의 투자법'은 하염없이 기다리는 투자를 지양하고, 단기 수익을 취하는 데 집중한다. 이때 단기 수익의 기준은 일률적으로 말하기 어렵지만 초보자 기준에서 심리적인 안정감을 줄 수 있는 2년이면 좋겠다고 앞에서 설명했다. 앞으로 부동산을 매수할 때 입지(실거주), 저렴한 가격(가성비)이 아니라 다음과 같은 기준으로 선별해야 한다.

- 1순위: 디벨로퍼의 입장에서 사업성이 좋은 곳
- 2순위: 재개발·재건축 사업성이 좋은 곳

공부한 대로 거점 1순위, 2순위를 고려해서 투자했지만 2년 동안 디벨로퍼에 의한 매수가 없고 재개발·재건축 움직임도 없다면 마음이 불안해질 수 있다. 상위 5%의 투자법도 실패할 수 있을까? 그럴 수도 있다. 신이 아닌 이상 투자에서 100%는 없다. 그러나 이 사실만 기억한다면 불안과 걱정에 빠질 일은 없다.

"수익이 목적이라면 꼭 '완성'될 필요는 없다."

실제로 투자 현장에서 많은 부자들이 이런 마인드로 투자에 접근하여 높은 확률로 돈을 벌고 있다. 반드시 사업의 결실이 있어야 수익을 낼 수 있다는 대중의 생각과 정반대다. 왜 그럴까? 이제부터 자세히 설명하겠다.

확장성이 강한 거점

도시계획상 거점은 투자자의 입장에서 다음 2가지로 구분된다.

- **확장성이 강한 거점**
- **개발이 완성된 거점**

우리가 반드시 알고 있어야 하는 거점은 '확장성이 강한 거점'이다. 큰돈이 지속적으로 몰리는 투자처이기 때문이다. 성수동의 땅값이 왜 오르는지 살펴보자. 처음에는 쓸모없는 경마장 부지를 2030 커플들이 좋아하는 산책로인 서울숲으로 조성하는 사업을 진행했다. 그다음에 낡은 공장이 카페로 리모델링되고 트리마제, 갤러리아포레 등 고급 주상복합 아파트가 지어지기 시작한다. 그 이후에는 지식산업센터 등 IT 일자리가 들어서고 디올, 포르쉐 등이 입점하면서 팝업스토어 거점으로 변화한다. 끊임없이 개발이 되면 땅값은 우상향할 수밖에 없다.

그렇다면 확장성이 없는 거점, 즉, '개발이 완성된 거점'은 무엇일까? 예를 들어 서울에 이미 개발 사업이 완성된 거점인 마곡 광역중심이 있다. 이곳은 완성되었기 때문에 더 이상 개발의 원동력이 없다. 그 결과 계단식 상승을 할 만한 매물이 없다. 사실상 '완성된 거점'은 입지(실거주 여건)로 평가받기 때문에 투자자 입장에서 많은 돈을 썼는데 상승기 때 적게 오르고 하락기 때 조정을 받는 상황이다. 그렇다고 해서 이미 '완성된 거점'이 전혀 쓸모없지는 않다. 주변에 개발할 수 있는 부지가 충분히 남아 있다면 개발 사업이 완성된 거점 주변으로도 신규 거점을 만들 수 있기 때문이다.

상위 5%의 투자 공식을 알고 있는 고수들은 마곡에 직접 투자하지 않고 마곡 광역중심 덕분에 주변으로 파생 개발될 김포공항 인근 방화 재정비촉진지구나, 사업성이 좋은 방화5단지 재건축 예정 아파트 같은 곳에 투자했을 것이다. 실제로 마곡 개발 이후 방화 재정비촉진지구는 광역거점의 배후 주거지 역할을 해야 하기 때문에 행정적 지원(빠른 인허가)을 받고 있다. 심지어 방화 재정비촉진지구 주변에는 신규 사업지들까지 지정되고 있다.

또한 서울시 택지개발지구 중 하나인 방화5단지는 방화역 역세권을 끼고 있는데, 서울시 도시계획에 따라 김포시에 지하철 5호선 연장 호재가 생겼다. 5호선 종착역에 불과했던 방화역 역세권은 이제 김포신도시의 배후 수요를 등에 업었다. 날고 긴다는 미사 강변도시의 신축 아파트들이 서울시 강동구 끝자락 노후 재개발·재건축 아파트의 시세를 뛰어넘지 못하는 이치를 생각해보면 5호선 연장의 의미를 되새길 수 있다.

이미 완성된 거점도 활용도가 충분하다면 기회는 끊임없이 주어진다. 그러니 편식하는 공부는 스스로 기회를 날려버리는 것이다. 물론 이 책에서는 '확장성이 강한 거점', '진짜 돈이 되는 거점', '상위 5% 투자자가 가장 선점하고 싶어하는 거점'에 집중할 것이다. 사실 이미 완성된 거점은 막 일반인의 수준을 넘어선 투자자들이 많은 투자 영역이다. 대중이 선호하는 입지와 고수들이 선호하는 거점의 중간 단계에 해당하기 때문이다.

단기간에 소액으로 큰돈을 벌고 싶다면 확장성이 강한 거점이 왜 돈이 되는지 알아야 한다. 지역을 막론하고 땅값은 해당 지역의 중심지부터 오르기 시작한다. 떨어질 땐 역순으로 떨어진다. 중심지는 일반적으로 상업지역인 경우가 많다. 돈이 돈을 버는 곳, 영업을 하거나 업무를 할 수 있는 곳이 상업지역이기 때문이다. 예를 들어 서울시 강남역 역세권에서 가장 비싼 땅은 당연하게도 강남역 역세권 상업지역이다. 한창 상권이 활발했을 때는 평당 7~8억 원 정도로 거래되었는데, 강남역 역세권 아파트는 고작해야 상업지역 평당가의 10분의 1 수준인 평당 7000~8000만 원 수준이다. 강남역 역세권 유동 인구가 늘어나면 어떻게 될까?

상권이 활성화된다. → 상가의 매출이 오른다. → 상가의 월세가 오른다. → 상가의 매매가가 오른다(상업지역의 땅값이 오른다). → 상업지역과 인접한 준주거지역의 시세가 오른다. → 준주거지역과 인접한 2, 3종 주거지역 아파트의 시세가 오른다.

이 순서대로 시세가 상승한다. 하락할 때는 역순으로 떨어지기 때문에 가장 안전한 부동산 자산은 사실 상업지역이다. 그래서 상업지역은 대부분 기업이나 소수의 부자가 선점해왔고, 배후의 아파트만 서민들이 투자하고 있다. 아쉽게도 대중은 아파트만 부동산의 전부라고 생각하고 투자하는 것이다.

'확장성이 강한 거점'은 거점 개발이 한창이어서 땅값이 잘 오르는 곳이다. 대표적으로 성동구 성수동이 있다. 성수동은 2030 서울시 생활권계획에서 지역중심지다. 도시계획상 위계만 보면 대한민국 부동산에서 가장 뜨거운 거점인 용산 광역중심에 비해서 급이 낮다. 일반적으로 급이 낮은 거점이 상급 거점의 가치를 추월하기 힘들다.

그러나 성수동은 평당 2억 5000만 원에 준공업지역 매물이 거래되면서 광역거점인 용산의 시세를 추월하고 있다. 이것이 가능한 이유는 성수동이 '확장성이 강한 거점'이기 때문이다. 특히 성수동 준공업지역은 저이용 부지로 분류되어 국토교통부와 서울시에서 모두 빠른 개발을 원하는 땅이었다. 그래서 강력한 행정적 지원을 바탕으로 빠른 인허가를 받을 수 있었다. 필자는 같은 성수동이라면 한강변 재개발구역인 성수전략정비구역보다 성수동 준공업지역이 투자 가치가 더욱 높다고 설명했다. 실제로 준공업지역 빌라가 2년 만에 14억 원이 오를 때 성수전략정비구역은 정치적으로 눌려서 시세 상승은커녕 토지거래허가구역으로 지정되어 수익 실현 자체가 어려운 상황이다. 같은 성수동이라도 정치인이 '지금 당장 개발하길 원하는 거점'과 '그렇지 못한 곳'은 수익에서 큰 차이가 있는 것이다.

그렇다면 '확장성이 강한 거점'은 어떤 특징이 있을까? 2년 전에 매수한 매물이 디벨로퍼에 의한 매수, 재개발·재건축, 상가 재건축 등의 직접적인 개발 이슈가 없더라도 그곳이 '확장성이 강한 거점'이라면 가격은 크게 상승하고 있을 것이다.

조금 더 구체적으로 설명하겠다. 기본적으로 거점에는 지자체장의 인센티브가 주어진다. 청량리 광역중심지만 하더라도 서울시 상업지역 상한 용적률인 800%를 넘어 1000%를 받았다. 천호 지역중심도 용적률 인센티브뿐만 아니라 매매가 대비 90% 이상의 대출 인센티브를 받았다.

그 결과 인센티브를 활용하여 돈을 벌고자 하는 디벨로퍼들이 앞다투어 개발을 하는 것이다. 낡은 건물을 부수고 분양을 많이 할 수 있는 신축 개발 사례가 늘어날수록 땅값은 큰 폭으로 계단식 상승을 하게 된다. 특히 하락기가 오면 디벨로퍼는 확실한 인센티브가 있는 사업지가 아니면 개발 사업에 뛰어들지 않는다. 그래서 유수의 기업들이 사옥 건설이라는 수단을 이용하여 성수동 땅을 선점하려고 하는 것이다.

'확장성이 강한 거점'은 정비 사업이 시급하고 개발이 많이 필요한 땅이다. 따라서 실거주하기에 열악한 지역이 많다. 정치인들은 거점의 위상에 걸맞게 환경을 깨끗하게 정비하고 싶기 때문에 민간 디벨로퍼들을 유인할 막대한 인센티브를 주는 것이다. 이 모습은 이미 개발 사업이 완성되어 입지가 된 강남 내 비거점 지역과 대조적이다. 개발이 끝난 곳은 더 개발할 명분이 약하기 때문에 인허가가 잘 나오지 않고 토지거래허가구역 등의 규제가 쉽게 풀리지 않는다. 정치인들은 조금만 개발해도 극적인 변화가 보여서 사람들의 머릿속에 본인의 업적을 각인할 수 있는 곳을 선호한다.

이런 원리는 지방에서도 적용된다. 특히 수용방식(도시 개발 사업 등을 할 때 국가 및 지방자치단체, 정부투자기관 등의 사업시행자가 협의매수 또는 수용의 방법으로 사업지구 내 토지를 전부 취득하여 진행하는 방식)의 개발이 활발한 울산의 사례를 소개해보겠다. 울산광역시 중구 우정동 275-50번지는 매매가 2억 6500만 원에 매수되어 2년 만에 18억 원에 매도되었다. 이곳은 울산광역시 상업지역에 위치해서 수용방식으로 복합 개발하는 곳이다. 해당 지역 주변으로 마제스타워울산, 우정 코아루웰메이드, 태화강 유보라팰라티움 등 주상복합 아파트들이 대거 공급되고 있다. 즉, 해당 지역도 '확장성이 강한 거점'인 것이다.

상위 5%의 투자법은 이처럼 지역, 매물의 유형에 상관없이 적용할 수 있다. 우리는 디벨로퍼의 구조적 문제점을 활용하여 디벨로퍼보다 저렴한 가격에 선점하여 이들에게 비싸게 팔 것이다. 우리는 신축 건물이나 입주권을 받는 것이 아니라 가장 많이 급등하는 한 포인트만 공략하여 단기 투자를 하는 것이다.

과연 이런 매물들은 계속 나올 수 있을까? 선거 때마다 지자체장이 바뀌고 이들이 원하는 신규 사업지가 계속 나올 것이다. 기회는 계속 있다.

여의도 사례

상위 5%의 투자법은 여의도에서도 발견할 수 있다. 여의도 시범아파트, 여의도 한양아파트 등 신속통합기획으로 뜨거운 여의도·영등포 도심이다. 2040 서울시 도시기본계획에서도 중요한 거점인 여의도 지역은 '글로벌 금융, 업무 중심지'로 육성하고 영등포 지역은 '서남권 지역 상업, 업무, 문화의 중심지'로 육성하고자 하는 의지를 읽을 수 있다.

복잡하고 추상적인 개념이지만, 이런 개념들은 고밀도 개발을 위한 명분이라고 이해하면 된다. 여의도는 서울의 대표 금융 일자리 기능을 오래 유지해왔다. 따라서 여의도의 노후화된 상가, 아파트를 재정비할 필요가 있다. 이런 건물들을 보다 고밀도로 개발하여 금융 업무 시설들을 늘리고자 하는 것이다. 한편 영등포 일대는 역세권을 중심으로 상권이 활발한 지역이나, 유흥시설 밀집도가 높고 노후화되었기 때문에 마찬가지로 재정비할 필요가 있다. 따라서 타임스퀘어를 시작으로 양질의 서남권 상권으로 재정비하고자 한다.

여의도 한양아파트 신속통합기획 재건축 정비계획 관련 보도자료를 살펴보면 3종 주거지역을 상업지역으로 종상향했다. 종상향은 이곳이 국제업무지구 거점이기 때문에 가능했다.

오세훈 서울시장은 여의도 노후 아파트의 신속통합기획을 통한 재건축 사업을 적극 밀어주고 있다. 사실 이런 계획은 전임 서울시장이 마련했던 2030 서울시 생활권계획에서도 명시되어 있다. 즉, 여의도 도심 개발은 여·야 정치인 모두 관심을 가지고 있는 사업지인 것이다.

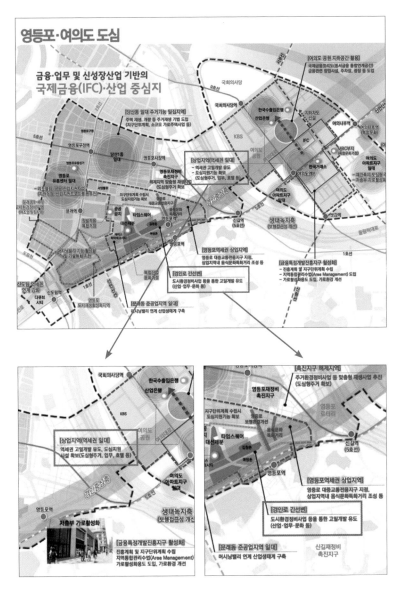

고밀도 개발이 예정된 여의도의 도시계획이다. 역세권 일대와 경인로 간선변이라는 대목이 눈에 띈다.

출처: 2030 서울시 생활권계획

서울의 대표적인 도심답게 여의도 일대는 개발 사업이 활발하기 때문에 소액 투자처로 노후 상가 건물 내 구분상가를 추천했다. 그 이유는 아래 사례에서 명확히 알 수 있다.

여의도동 45-3번지 일원은 2021년 6월 25일 1176억 원에 거래되었다. 토지면적 기준 평당 1억 9438만 원이다. 여의도동 23-2번지 일원은 2022년 7월 15일 6395억 원에 거래되었다. 토지면적 기준 평당 4억 4366만 원이다. 불과 1년 만에 평당 약 2억 원에서 평당 4억 4000만 원으로 상승했다. 건물의 시세가 상승하기 시작하면, 그다음은 개발이 가능한 구분상가, 그다음은 여의도 재건축 아파트 등으로 시세가 퍼지게 된다. 이에 비하면 2023년 초 여의도 재건축 대상 아파트들의 시세인 평당 5000~6000만 원은 상당히 저평가라고 볼 수 있다. 가격의 적정선은 이런 기준으로 판단해야 한다.

그렇다면 영등포 일대는 어떨까? 마찬가지로 개발 사업이 활발하여 지가가 꾸준히 상승하고 있다. 그 과정을 살펴보면 2015년으로 거슬러 올라간다. 2015년만 하더라도 영등포동의 건물 시세는 평당 3500~4700만 원 사이에서 형성되었다. 그런데 특이한 거래 사례가 나타난다. 영등포동3가 20번지 일원은 평당 5000만 원 선에 매입되었다. 2015년 기준 최소 평당 3500만 원 선에 매수할 수 있는데도 왜 굳이 비싸게 매입을 했을까?

개발 목적으로 매수했기 때문이다. 여기서 일반 투자자와 디벨로퍼 간의 성향 차이를 알 수 있다. 일반 투자자들은 동일한 시세의 매물을 상대적으로 비싸게 매수하지 않는다.

영등포동3가 20번지의 2015년(위), 2022년(아래). 디벨로퍼는 평당 3500만 원이던 지역의 부동산을 평당 5000만 원에 매수해서 아래 사진과 같이 개발했다.

사진 출처: 네이버 로드뷰

대부분 일반 투자자들이 매수하는 목적은 매매를 통한 시세 차익이기 때문에 최대한 소액으로 매수하려고 한다. 혹은 실거주나 투자 목적으로 매수하기 때문에 가격 요소를 따질 수밖에 없다.

디벨로퍼들은 다르다. 아무리 합리적인 가격의 매물이 나오더라도 토지 모양이 맞지 않으면 신축 자체를 할 수 없다. 이들은 건축비가 인상되기 전에 빠르게 신축 사업을 완료하는 것이 경제적이기 때문에 매수 당시 근처 시세보다 비싸더라도 완전한 부지 확보에 상당한 공을 들인다. 이처럼 평균 시세를 뛰어넘는 신고가 거래 사례가 나오기 시작하면, 그것도 디벨로퍼가 매수했다면 해당 신고가를 기준으로 오른 땅값이 주변으로 퍼지기 시작한다.

2019년에는 어떤 변화가 생겼을까? 입지가 좋은 곳은 평당 1억 원을 넘었다. 입지가 좋지 않은 곳도 평당 5000만 원 이상에 거래되고 있다. 2015년에 평당 4000만 원에 매수할 수 있었던 영등포역 역세권 건물은 약 4년 만에 입지가 좋지 않은 매물도 평당 5000만 원 이상을 줘야 살 수 있는 매물로 변했다. 즉, 개발 사업에 의한 시세 차익이 일어나기 어려운 매물들도 지가가 올랐다는 사실을 알 수 있다.

그런데 이번에도 특이한 거래 사례가 나왔다. 평당 8000만 원 선에 2개의 건물이 거래된 것이다. 대체 어떤 목적의 거래였을까? 짐작하겠지만 이것 또한 개발 목적의 매입이었다.

그렇다면 왜 디벨로퍼는 평균 시세인 5000만 원보다 훨씬 비싼 가격대인 평당 8000만 원이라는 가격을 제시했을까? 아무리 분양 수익을 많이 남길 수 있어도 평균 시세 대비 평당 3000만 원을 더 주는 것은 상식적으로 이해가 되지 않는다. 답은 건물이 2채라는 점이다. 일반적으로 1채의 건물을 매입하는 것보다 여러 채의 건물을 통매입 하는 상황이 더 높은 협상력을 요구하게 된다. 만약 10채의 통매입 대상 건물 중 1채의 건물주가 비협조적으로 나온다면 개발계획은 연기될 수밖에 없는 것이다.

따라서 디벨로퍼의 입장에서는 보다 후한 가격에 보상을 해주겠다는 약속을 함으로써 이해관계가 서로 다른 건물주들을 설득할 수 있었을 것이다. 어쨌든 신축 사업을 하고 싶은 디벨로퍼의 노력 덕분에 영등포역 역세권의 건물 시세는 평당 8000만 원이 새로운 기준점이 되는 것이다.

2022년에는 인근 부동산이 평당 1억 원 이상으로 거래가 됐다. 2022년은 사람들이 하락장으로 공포에 떨고 있을 때다. 대한민국 부동산이 거품이라고 언론에 연이어 도배되고 있을 시기에 영등포역 역세권 건물은 2019년보다 더 높은 시세에 거래됐다.

2015~2022년 총 8년간, 영등포역 역세권 건물 시세의 변화에서 알 수 있는 것처럼 특별히 개발을 하지 않는 매물도 지가는 꾸준히 우상향을 했다. 개발 사업이 활발할수록 해당 신고가는 새로운 거래 기준점이 되어 매매가 이루어지기 때문이다.

어떤 사람들은 건물 투자에는 월세 수익을 계산한 지가 상승이 최우선으로 고려되어야 한다고 여긴다. 한 연예인 부부는 920억 원에 서초동 건물을 매수했다고 한다. 아마 월세 수익을 근거로 매수했으리라 짐작된다. 결국 언론에 보도된 추정 손실액은 400억 원이다.

2019년(위), 2022년(아래). 디벨로퍼는 2015년 당시보다 훨씬 비싼 값에 건물 2채를 매수해서 개발했다.

사진 출처: 네이버 로드뷰

이 부부가 영등포역 역세권과 같은 확장성 있는 거점의 건물을 2021년도에 매수했더라면 상승장, 하락장 여부와 상관없이 1년 단기 차익을 어렵지 않게 남길 수 있었을 것이다.

혹자는 이 투자 전략이 '건물'에만 가능한 것이 아닌가 고민할 수 있다. 서민들은 도저히 투자할 수 없는 영역일까? 실투자금 1억 원 내외로는 이런 투자를 맛볼 수 없는 것일까? 방법은 있다. 바로 구분상가다.

용산 사례로 보는 구분상가 투자

이 책에서 집중적으로 다룰 비주택 투자는 대부분 '구분상가'다. 대체 '구분상가'가 어떤 유형의 부동산일까? 사전적으로는 '층이나 호와 같이 일정한 구획으로 구분 등기가 가능한 상가'라는 의미이다. 쉽게 말해 1채의 건물에 1명의 소유주가 있는 것이 아니라 각 구분된 상가마다 소유주가 있는 것이다. 신도시 상가나 지식산업센터도 크게 보면 구분상가에 포함된다.

사실 구분상가는 우리 생활과 밀접하게 연관되어 있다. 예를 들어 아파트 단지 내 상가도 이런 유형의 매물이다. 시장이나 쇼핑 상가 등도 구분상가다.

이런 구분상가들도 노후화된다. 오래된 재래시장을 허물고 주상복합으로 개발하는 사례는 전국에서 나오고 있다. 버스 터미널도 구분소유주가 있는 경우 구분상가에 해당한다고 볼 수 있다. 전자상가, 공구상가와 같은 곳도 구분상가에 해당한다. 이런 건물들의 재건축 사업이 매우 활발하게 진행되고 있다.

구분상가의 장점은 건물의 장점과 유사하다. 애초에 비주택으로 분류되니, 주택 수에 따라 세금이 가중되는 현 부동산 세법에서 상대적으로 자유롭다. 또한 사람의 신용도, 은행의 사정에 따라 다르지만 최대 매매가의 90%까지 대출이 가능하기 때문에 대출 이자를 감당할 수 있으면 소액 투자가 가능하다.

그러나 우리가 투자해야 할 대상은 노후된 구분상가다. 온전한 내 건물이 아니기 때문에 공용시설 등의 노후화로 발생하는 관리비가 많이 들어간다는 단점이 있으며, 대부분 노후 구분상가는 쇠퇴하는 상권인 경우가 많기 때문에 월세를 많이 받을 수 없다. 그러나 소액으로 투자할 수 있으며, 서울을 중심으로 구분상가 재건축이 활발하게 이루어지고 있어 디벨로퍼의 진입을 기대할 수 있다.

서울의 중심지이자 많은 투자자가 관심을 두고 있는 용산이 좋은 사례다. 2030 서울시 생활권계획에서 용산은 한강 대로변, 역세권을 중심으로 복합 개발을 암시하는 단어들이 있다. 대표적으로 업무지원 기능 강화, 국제 비즈니스 거점 육성 등의 단어는 고밀도 복합 개발과 관련되어 있다. 이중 눈에 띄는 지역이 바로 '용산전자상가'이다. 즉, 우리가 알아야 할 '노후 구분상가' 매물이다.

그 대표적인 사례가 한강로3가 40-969번지에 신축된 호텔 건물이다. 과거에는 터미널 전자상가로 알려진 곳으로 한때는 컴퓨터를 비롯한 가전제품들을 살 수 있는 상가들이 즐비했다. 그러나 온라인 쇼

2010년(위), 2022년(아래). 한강로 40-969번지의 터미널 전자상가를 허물고 신축 호텔을 지었다.

펑몰과의 경쟁에서 밀리기 시작하면서 기존 상권은 쇠퇴했고 호텔 건물로 신축하면서 대표적인 구분상가 재건축 사례가 되었다.

2022년 서울 부동산의 뜨거운 감자는 역시 용산이었다. 이때 구분상가 평당 5000만 원에 실거래되었다. 2022년 5월 16일 선인상가(한강로2가 15-14번지 일원) 매물이 9억 7000만 원에 거래되었다. 전용면적 기준으로 평당 5995만 원이다. 16평밖에 되지 않는 매물이 비싼 값에 거래될 수 있었던 이유는 선인상가가 재건축될 것이라는 기대심리 때문이다. 2023년 초, 근처 구분상가 매물들은 평당 1억 원 이상에 시세가 형성되고 있다.

그런데 우리가 눈여겨봐야 할 점은 이곳에 전용면적 5평 미만의 매물들이 유난히 많다는 것이다. 이것은 지분 쪼개기 매물일 확률이 높다. 우리의 상식으로는 재개발·재건축은 지분 쪼개기가 사실상 불법인데 왜 이런 현상이 나올 수 있는 것일까? 그리고 해당 가격은 과연 적정가라고 할 수 있을까?

우선 용산 개발에 관한 기대 심리부터 파악해야 한다. 2022년 7월 26일, 서울시는 용산 정비창 부지를 용적률 최대 1500%를 적용하여 고밀도 개발을 할 것이라는 보도자료를 내놓았다. 문재인 정부 시절 용산은 광역중심지라는 중요한 거점이었음에도 다소 소외된 모습을 보였다. 당초 고밀도로 개발할 방침이었던 용산정비창 부지에 임대주택을 공급하겠다고 발표했기 때문이다. 용산의 영광은 사라질 것처럼 보였다. 그러나 정권이 교체되면서 정비창 부지의 고밀도 개발은 다시 고개를 들기 시작했다. 앞으로 상급지가 될 용산에 실투자금이 작고 주택 수에 포함되지 않은 선인상가와 같은 매물이 뜨거운 관심을 받았다. 구분상가 매물이 제2의 래미안첼리투스가 될 수 있다는 기대 심리까지 더해졌다.

그러나 비행금지구역이 여전히 용산 전역을 에워싸고 있는 상황에서 국가 안보를 고려했을 때 해당 계획이 현실화될지는 여전히 미지수다. 더구나 용산은 도시계획상 아무리 잘해봐야 광역중심지인데 이는 여의도·영등포 도심에 비해서는 낮은 단계의 거점이다. 거의 여의도·영등포 도심 건물 시세에 준하는 평당 가격(평당 1억 4000만~1억 5000만 원)을 받는 셈인데 단지 용산이 호재가 넘치고 있다는 이유 하나만으로 매수하기에는 비싼 감이 있다. 차라리 구분상가 재건축을 노리는 것이라면 용산 광역중심의 구분상가보다는 여의도 상업지역 내에 있는 구분상가 매물을 노리는 것이 훨씬 저렴하면서도 미래가치가 유망할 것이다.

그럼 5평 미만의 매물은 무엇일까? 본래는 10평 이상의 매물이었을 것이다. 2023년 2월 기준, 구분상가는 구분 등기가 가능하다면 지분을 쪼개는 것이 법적으로 가능하다. 이런 특징은 주택 시장에서 소위 지분 쪼개기가 불법으로 취급되는 것과는 다르다. 구분상가 지분 쪼개기를 허용하는 이유는 소상공인 보호 때문이다. 1평의 땅이라도 자유로운 상행위를 원하는 소상공인의 권리를 보장해주는 것이다. 사실 우리는 지하상가나 쇼핑몰에서 이런 사례를 쉽게 찾아볼 수 있다. 1평 내외 정도 되는 조그마한 블록에서 옷이나 잡화, 음식 등을 파는 가게가 모두 이런 곳이다. 법적으로 소상공인을 위해 권리를 인정해주기 때문에 소상공인들도 안전하게 영업할 수 있다.

2가지만 기억하면 된다. 거점의 매물은 건물뿐만 아니라 구분상가도 투자 대상이 될 수 있다. 또한 재건축 대상이 될 수 있는 구분상가 매물은 투자자의 입장에서는 매력적이다. 대체로 매매가가 저렴할 뿐만 아니라 대출을 통해 실투자금을 대폭 낮출 수 있으며, 여전히 지분 쪼개기가 가능한 매물이다.

5장

비주택 시장으로 몰리는 돈

불행하게도 대한민국은 연금 시스템이 취약하다. 자녀교육에 많은 돈을 들이는 문화 때문에 노후를 제대로 대비하는 가정도 많지 않다. 노후에 관한 불안심리가 은퇴를 앞둔 혹은 은퇴한 계층을 중심으로 확산되면서 비주택 시장은 꾸준히 인기가 있다. 또한 하락기가 오면서 노후를 대비하려는 수요와 안전 자산으로 돈을 이동시키려는 수요가 합쳐져서 수익형 부동산 시장인 비주택 투자에 돈이 몰리는 것이다.

상가 투자도 디벨로퍼를 겨냥한 투자 전략을 실행할 수 있다. 상가는 동의율에 관한 건축법 개정 전까지는 재건축 시 동의율 100%가 필요했다. 즉, 구분상가의 소유주 100명 중에서 99명이 재건축에 찬성

해도 1명이 반대하면서 소위 알박기를 하면 제대로 추진할 수 없었다. 재건축 현수막을 다는 것 자체가 어려우니 상가 시세는 계단식 상승이 일어나지 않고 투자자는 단기 수익을 올리기도 불가능했다. 상가 재건축에 필요한 동의율을 채우는 것 자체가 몹시 어렵기 때문에 상가 재건축을 시도할 생각조차 못 했던 것이다. 그럼 건축법이 바뀐 현재, 어떤 변화가 생긴 것일까?

비주택 규제 완화

부동산은 크게 '주택'과 '비주택'으로 나뉜다. 문재인 정부는 부동산 관련 규제를 많이 만들었지만 당시 모든 규제가 주택 영역에서 이루어졌다. 같은 시기에 비주택 관련 규제는 오히려 완화되었다. 특히, 2021년 6월 건축법을 개정하여 지은 지 20년 이상 된 상가 등 노후 집합건축물의 재건축 동의율을 기존 100%에서 80%로 완화했다. 노후 상가들의 고밀도 복합 개발이 활성화된다는 사실을 안 투자자들은 저렴한 가격에 노후 상가들을 적극 매수하여 디벨로퍼에게 비싼 가격에 매도했다. 혹은 자체적으로 빠르게 재건축 동의율을 채워서 프리미엄을 취하는 투자를 시작했다.

2021년 6월 건축법 개정 전까지 왜 100% 동의율이라는 큰 규제가 있었을까? 사실 이런 규제가 생긴 이유는 개인의 영업권과 재산권 보호였다. 그러나 서울 도심에서 지은 지 50년이 넘은 노후 상가에서 영업을 하는 경우가 많아지면서 붕괴 등의 위험한 환경이 조성됐다. 더이상 개인의 영업권과 재산권을 명분으로 노후화를 방치할 수 없었던 것이다. 뿐만 아니라 이제는 전국적으로 원도심(구도심) 개발에 힘을 쏟고 있던 차였다. 특히 엘리베이터가 없던 시절 지어진 상업지역의 낮은 건물들을 고밀도로 개발하는 것이 주요한 트렌드였다. 하지만 이러한 개발을 하기에는 동의율 100% 요건이 큰 걸림돌이었다. 그래서 국토교통부는 주택 시장의 규제를 강화하는 와중에도 비주택 관련 규제를 완화했다.

부동산 투자자는 정치인의 의도를 잘 파악해야 한다. 2021년 6월 건축법 개정은 이렇게 신호를 주고 있다.

"이제 주택 투자는 그만해! 대신에 비주택 시장에 기회를 줄게!"

신호를 읽은 투자자는 돈을 번다. 주택 재건축에는 다양한 환경에 처한 사람들이 투자하기 때문에 의견을 조율하려면 시간이 오래 걸린다. 그래서 주택은 10년 만에 재건축이 되었으면 비교적 빠르다고 평가한다. 이는 단계별 시세 상승에도 영향을 준다.

반면에 상가는 투자의 선수들이 모인 곳이다. 어떻게 하면 돈을 빠르게 벌 수 있는지 아는 사람들이 많이 모여 있다. 실제로 빠르게 재건축 현수막이 달리는 경향이 있다. 심지어 추진한 지 3개월 만에 조합 설립인가를 받는 건물도 나오고 있다.

게다가 오래된 구분상가들은 보통 사람들에게 월세가 안 나오는 낡은 상가에 불과하기 때문에 일부 매물을 제외하고는 매우 저렴하다. 확실한 매물만 찾을 수 있다면 주택 재건축에 비해서 시간을 훨씬 덜

쓰고 돈을 벌 수 있다. 그렇다면 구분상가의 수익화 단계는 어떻게 될까? 앞서 소개한 성수동 준공업지역 연립주택과 동일하다.

심지어 상가 투자의 경우 다주택자도 주택 수 제한 없이 투자할 수 있다는 장점이 있다. 더구나 상가 매물에 나오는 대출도 매매가의 50% 이상 나온다. 대출 이자는 상가에서 받는 월세로 충당하면 되기 때문에 리스크를 최소화할 수 있다.

또한, 이미 소개한 용산의 사례처럼 구분상가는 지분을 쪼갤 수 있다. 주택 지분 쪼개기 행위, 특히 재개발 조합원의 권리를 취득하기 위한 목적이라면 시장 교란 행위에 해당하여 형사처벌의 대상이 된다. 반면에 상가 지분 쪼개기는 사정이 다르다.

지방으로 퍼질 서울의 개발 방식

상가 재건축은 현지 공인중개사들도 익숙하지 않을 정도로 이제 막 시작된 분야다. 서울시 25개 자치구 중에서 가장 땅값이 낮은 구로구에도 상가 재건축이 진행되고 있다. 참고로 지금 소개할 구로구 사례는 아직 정식으로 재건축 확정된 곳이 아니다(2023년 1월 기준). 하지만 이러한 서울의 개발 공식은 전국으로 금세 퍼질 것이니 잘 숙지해서 꼭 지방에서 활용하기를 바란다. 하락기에는 건설 경기 활성화를 해야 하기 때문에 서울보다는 지방에 더 많은 기회가 있다.

이번에 소개할 개발 사례는 고척공구상가(고척동 103-4)다. 개봉역 역세권 인근이고, 2022년에 완공된 고척아이파크와 인접했다. 고척공구상가의 투자 가치를 판단하기 위해서는 우선 해당 지역의 거점을 파악할 필요가 있다. 그다음 고척공구상가에 관한 구체적인 도시계획이 있는지도 살펴봐야 한다.

구로구의 대표 거점은 가산·대림 광역중심, 개봉 지구중심이 있다. 서울의 도시계획상 위계는 도심, 광역중심, 지역중심, 지구중심 순이다. 구로구는 이 중 2번째 상급 거점에 해당하는 광역중심(가산·대림)과 가장 위상이 낮은 지구중심(개봉)을 아우르고 있다.

그렇다면 개봉 지구중심은 가산·대림 광역중심에 비해 부족한 거점일까? 서열상으로는 그렇다. 그러나 실제로는 개봉 지구중심도 구로구에서 무시할 수 없는 거점이다. 가산·대림 광역중심 주변의 저층 주거지는 중국 교포들이 많이 거주하고 있는 지역이고, 재개발 등의 정비 사업을 하기 어려웠기 때문이다. 이로 인해 한때 지정되었던 재개발 사업들이 대거 해제되기도 하였다. 그에 반해 개봉 지구중심의 정비 사업은 비교적 원활하게 진행되고 있는 편이라고 볼 수 있다.

구로구청장 입장에서는 어떨까? 결국 구로구의 미래가치는 가산·대림 광역중심 주변 지역 개발에 달려 있다. 이런 기조에 따라 가리봉중심1구역, 가리봉2구역 등이 신속통합기획 사업지가 되었다. 그러나 개봉 지구중심도 약간의 노력만 더하면 개발하기에는 상대적으로 수월하기 때문에 구로구에서 변방 입지처럼 보이는 고척동, 개봉동 일대의 개발도 활발한 편이다.

서울시 도시계획은 지금의 고척아이파크 일대(남부교정시설 이적지)

에 쇼핑센터, 교육시설, 도서관, 창업보육센터 등을 도입한다고 명시한 바 있다. 임대주택뿐만 아니라 복합시설들을 개발하려면 고밀도 복합 개발을 해야 한다. 서울시 도시계획대로 영등포교도소 부지는 고밀도 복합 개발을 통해 고척아이파크가 되었다. 그런데 고척공구상가도 영등포교도소 부지 관리 방안과 유사하게 '생활기반시설 확충 유도'라고 명시되어 있다. 즉, 고척공구상가도 재건축 사업을 진행할 시, 고척아이파크처럼 고밀도 개발을 한다는 의미다.

현재 고척공구상가는 재건축 추진위원회를 구성하고 있는 단계다. 아직 상가 재건축이 대세 투자처가 되지 않았지만 3년이라는 시간 동안 평당 1000만 원 상당 상승했다. 2023년 2월 기준 매물은 평당 4000만

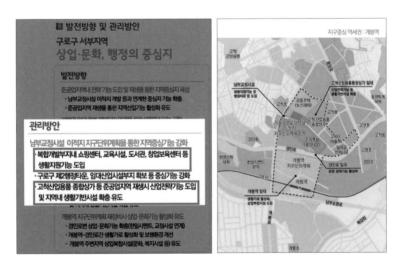

개봉 지구중심 범위 및 발전 방향에 관한 설명이다.

출처: 서울시 2030 생활권계획

원에서 6000만 원 선까지 형성됐다. 서서히 상가 재건축이 대세가 되면서 고척공구상가 매물 시세도 상승하고 있다. 조합설립인가가 임박할 때는 평당 4000~6000만 원의 매물도 충분히 거래가 될 것으로 예상한다. 향후 광명-시흥선 개통으로 개봉역 역세권은 더블 역세권이 되기 때문에 역세권 유동 인구가 늘어날 것이며, 이에 따라 개봉역세권 개발이 더욱 활발해질 것이다. 또한 고척 한효아파트, 우성현대아파트 등의 재건축, 고척동 253번지 일원 등 신속통합기획 사업지들이 주변에 있기 때문에 명실상부 확장성이 강한 거점이다. 고척공구상가의 현재 모습은 어떨까? 투자자라면 고척공구상가의 모습을 반드시 기억해야 한다. 비슷한 매물이 전국의 산업단지에 있기 때문이다. 특히 노후

2022년 7월 고척공구상가 모습이다.

출처: 네이버 로드뷰

산업단지는 4차 산업혁명에 걸맞은 일자리 거점으로 개발하는데, 고척공구상가와 같은 곳의 재건축을 적극 권장하기 때문이다.

서울시 도시계획은 이런 곳들의 고밀도 복합 개발을 암시하고 있다. 한발 더 나아가 과거의 사례를 통해서 향후 개발 방향을 예측해볼 수 있다. 고척공구상가 또한 고밀도 복합 개발을 하게 되면 아마 영등포중흥S클래스(영등포구 양평동1가 247번지)와 비슷한 방식으로 개발될 것이라고 예상해볼 수 있다. 특히 토지 면적으로만 보면 고척공구상가가 훨씬 넓기 때문에 더욱 웅장한 스카이라인을 자랑할 가능성도 있다.

더 많은 사례가 나와야 하겠지만 서울에서 입지가 좋지 않은 지역의 매물도 5년 미만 동안에 2배 가까이 상승했다는 것은 고무적이다. 앞으로 비주택 투자가 더욱 알려져서 많은 사람이 시장에 참여한다면 주택시장의 대안을 넘어서 자산을 기하급수적으로 증식할 수 있는 똘똘한 매물로 인식될 것이다.

2010년 영등포종합기계상가가 2022년 영등포중흥S클래스로 개발되었다.

출처 : 네이버 로드뷰

서울에서 전국으로 번지는 개발 사례

구분상가 외에도 상가 재건축을 할 수 있는 여러 부동산 유형이 있다. 흔히 '○○프라자'라고 이름 붙여진 상가가 재건축 대상이 될 수 있고, 시장 정비 사업(재래시장을 현대적으로 개발하는 사업)도 상가 재건축에 포함된다. 또한 공장이나 창고 부지를 대규모로 재건축할 수 있다. 인천시를 비롯해서 각 지방에 있는 노후 산업단지를 구로디지털단지나 판교와 같은 IT 일자리로 개발하는 산단 대개조 사업의 일환이다.

항만을 재건축할 수도 있으며, 숙박시설, 터미널 상가, 아파트 단지 내 상가, 상업용 오피스텔, 백화점 등 재건축을 할 수 있는 대상지는 매우 다양하다. 모두 우리의 투자처가 될 수 있지만 일반적으로 우리가 투자하기 쉬운 영역은 정해져 있다. 바로 **노후 아파트 상가·쇼핑 상가 재건축**이다.

서울만 해도 재건축 대상 아파트가 많다. 개포주공아파트를 비롯해서 학군지로 유명한 목동신시가지아파트, GTX-C 노선으로 강남 접근성이 좋아지는 상계주공아파트, 창동주공아파트와 중계주공아파트, 월계주공아파트, 번동주공아파트도 있다.

이러한 아파트가 지어질 당시, 아파트 주민들이 이용할 상가도 지어졌다. 즉, 아파트 재건축 연한이 돌아왔다는 것은 상가도 30년 이상 노후했다는 것을 의미한다.

아파트 단지 주변 상가의 소유주들은 아파트에 의존하지 않고 단독으로 재건축을 하는 추세다. 대표적으로 청량리역 인근 미주아파트에 위치한 미주상가 A동, B동이 있다. 이중 미주상가 B동은 과감하게 단독 재건축을 추진해 힐스테이트 청량리로 거듭났다. 이는 고수들이 단기 시세 차익을 낸 대표적인 아파트 인근 상가 재건축 사례다. 반면에 청량리 미주아파트는 아직 재건축 초반 단계에 머물러 있다(2023년 1월 기준).

이러한 개발 방식은 강남에서 시작해서 강북으로 퍼지고 전국적으로 실행된다. 따라서 강남과 비강남, 경기도의 상가 재건축 사례를 차례로 살펴보겠다.

개포동 비주택 개발 사례

투자의 교과서와 같은 강남구 개포동이다. 서울의 개발 공식은 최종적으로 지방으로 그대로 퍼지니 서울의 부동산 개발을 자세하게 공부하면 지방 부동산 투자는 '땅 짚고 헤엄치기'인 셈이다.

개포동역 역세권(수인분당선)에는 역세권 상권이 형성되어 있고, 그 배후지에는 개포주공아파트가 있다. 그런데 아파트 단지의 거대한 규모에 비해 역세권 상권의 범위가 매우 협소하게 조성되었다.

개포주공아파트가 지어질 당시에는 수인분당선이 없었기 때문에 개포동 일대가 역세권이 아니었고, 땅이 있다면 상권을 키우는 것보다는 주택 보급을 최대한 많이 하는 것이 더 중요한 시기였기 때문이다. 그러나 현재는 개포동의 부동산 가치가 많이 상승했고 개포주공아파트의 재건축 사업이 활발해지면서 새로 입주하는 주민들을 위한 더 큰 상권이 필요해졌다.

서울시 도시계획을 보면 개포동역 역세권과 주변 상권을 개포 지구중심으로 표시하여 거점으로 지정된 것을 확인할 수 있다. 뿐만 아니라 개포 지구중심은 양재대로와 언주로를 통해 수서, 판교 등으로 갈 수 있는 입지다. 서울시는 이런 교통의 요충지에 고밀도 개발을 선호하는 편이다.

개포동역 주변에는 양재천이 있는데 이는 오세훈 서울시장이 강조하는 '수변감성도시'와 일맥상통한다. 결국 서울시장 입장에서는 개포 지구중심은 개발할 명분이 많다. 비록 정책적으로 억눌린 강남권이지

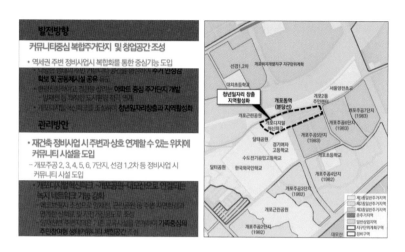

개포 지구중심에 관한 설명에서 개포동 일대를 정비하려는 의지를 읽을 수 있다.

출처: 2030 서울시 생활권계획

만 개포주공아파트 재건축은 행정적 지원 덕분에 속도가 빠른 편이며, 개포주공아파트 건너편에 위치한 대치동 한보미도맨션1, 2차(대치미도아파트)가 2022년에 신속통합기획 후보지가 된 것도 서울시 도시계획의 일환이다. 즉, 부동산 과열을 막기 위해서 정치인들이 찍어 누르는 강남이지만 거점 개발지들은 기회를 받고 있다.

이제 도시계획을 간단하게 살펴보겠다. 이곳은 거점이기 때문에 지금보다는 중심지 기능을 강화해야 하는데, 중심축이 될 곳은 가장 유동 인구가 많은 개포동역 역세권이 될 것이고 '복합화(주상복합 개발)'를 추진한다고 했으니 역세권 고밀도 개발을 밀어주는 것이다. 또한 중심 기능의 핵심인 커뮤니티 시설을 도입하기 위해서라도 개포주공아파트는 반드시 재건축해야 하는 사업지다.

개포동의 도시계획은 이렇게 해석하면 된다.

'개포주공아파트 재건축뿐만 아니라 역세권 상가 재건축을 통해서 고밀도 개발을 할 모양이구나.'

서울시 도시계획대로 역세권 고밀도 개발 사례가 나왔다. 개포동 186-13번지다. 기존 건물과 비교도 되지 않을 정도로 높게 지어서 큰 수익을 내고 싶은 디벨로퍼의 작품이다. 고밀도 주상복합으로 저층부 상가를 통해서 가로변을 활성화하고 초역세권에는 1인 가구 주거지 중심으로 배치하는 전형적인 개발 사업이다.

우리가 이런 건물을 굳이 신축해야 할까? 이런 건물이 될 노후 구분 상가를 선점하기만 하면 된다. 거점 개발지 내 고밀도 개발 사업을 시행해서 돈을 벌고 싶어하는 디벨로퍼에게 파는 것이 가장 큰 수익을 가장 빠르게 실현하는 방법이다.

이런 상가 건물들은 노후 아파트 근처에서 쉽게 볼 수 있는 구분상 가다. 이런 곳들이 고밀도로 개발되고 있었다는 것 자체가 신기하지 않은가?

재건축의 성지 개포동의 개발 사례는 향후 서울의 재건축 대상지로 퍼지게 되어 있다. 그리고 해당 개발 모델이 효율적이라고 판단이 되면 수도권, 지방으로 퍼진다. 그렇다면 투자의 교과서와 같은 강남의 사례를 봤으니 이번에는 비강남 지역을 살펴보겠다.

개포동 186-13번지 2010년 10월(위) 2022년 11월(아래)의 모습이다.

출처: 네이버 로드뷰

창동·상계 비주택 개발 사례

창동·상계 광역중심의 개발계획을 간단하게 요약하자면 전형적인 베드타운, 저이용 부지였던 창동역 역세권과 노원역 역세권 일대를 공공부문이 책임지고 개발을 추진하여 동북권 비즈니스 거점으로 만든다는 것이다. 그래서 창동·상계 광역중심 일대는 서울시의 인허가를 거침없이 받고 있다. 심지어 지구단위계획구역 변경의 움직임도 있다. 지구단위계획구역 변경은 통합 재건축을 통하여 신속하고 빠른 재건축을 추진하기 위한 사전 준비다. 여담으로 상계주공5단지아파트의 신속통합기획 시공사는 GS건설로 확정되었다.

창동과 상계동은 대단지 주공아파트 재건축 투자처로도 좋은 곳이지만, 상가 건물들의 개발 속도가 더 빠르다. 디벨로퍼가 개발해서 이익을 극대화하는 측면에서 이만한 노른자 땅도 없다. 우리가 적극 노려야 할 타깃 지역은 이렇다.

- 동일로변 상업지역 준주거지역 상가
- 마들역 역세권 준주거지역 상가
- 노원역 역세권 상업지역·준주거지역 상가
- 창동역 역세권 상업지역 상가

동일로변 건물에 세입자였던 하나은행 법인이 해당 노후 건물(상계동 730-4)을 매수하여 과거보다 높은 용적률을 부여받고 신축했다. 1층

2010년 3월(위), 2022년 7월(아래), 세입자였던 하나은행이 건물을 매수해서 신축했다.

출처: 네이버 로드뷰

에 스타벅스가 입점한 것도 하나의 포인트다. 이러한 사례는 매우 많다. 창동·상계 광역중심은 확장성이 있는 거점이기 때문이다.

상계동 731-5번지에도 은행이 들어가 있던 상가가 고밀도 개발을 하면서 저층부에는 새로운 상가들이 입점했다. 도시계획에 따르면 노원역 역세권 일대는 바이오 클러스터 일자리가 조성될 것이다. 이런 기조에 따라 신축되는 상가 건물들도 메디컬 빌딩이 많다. 지자체장들은 신축 사업에 관하여 인허가를 할 때도 권장 용도, 불허 용도 등을 지정하는데 권장 용도의 건축물을 지을 경우 추가 인센티브를 부여하기도 한다.

지자체장은 노원역 역세권 주변에 밀집되어 있는 모텔촌을 하루 빨리 개선하고 싶어한다. 그래서 코로나19 이후 모텔 상권은 쇠퇴하고 있지만 개발이 가능한 매물이 되면서 오히려 몸값은 높아진 상황이다. 상계동 모텔촌에 위치한 주유소 부지를 오피스텔로 개발한 사례도 있다.

창동·상계 광역중심 개발은 한쪽만 열심히 한다고 다 되는 것이 아니기 때문에 노원역 역세권뿐만 아니라 창동역 역세권도 동시에 재정비해야 한다. 창동역 역세권 또한 개발 사업이 활발하며, 노원역 역세권과 마찬가지로 가시적인 성과가 나왔다.

하락장의 시작점이었던 2022년에 사람들은 서울 외곽 지역인 창동, 상계동을 투자 대상에서 아예 제외했다. 하지만 창동, 상계동은 광역중심지인 만큼 중요한 거점이기 때문에 앞서 소개해드린 개포동 역세권보다 훨씬 많은 신축 개발 사례들을 발견할 수 있다. 하락장에도 불구하고 말도 안 되는 고가에 매입하는 소수의 고수가 있다. 노원역과 창동역 역세권 상가 건물들의 실거래가는 거점 개발이 시작되기 전에는 평당 1000~2000만 원 수준이었다. 지금보다 디벨로퍼들의 진출이 활발하지 않았을 때는 평당 3000만 원에 거래됐다. 2023년 초에는 평당 9000만 원 상당에 거래가 되는 사례도 속출하고 있다. 아파트 재건축은 시간이 오래 걸리지만 비주택 투자에 눈을 뜬 사람들은 빠르게 돈을 벌고 있다. 이제 경기도의 개발 사례를 살펴보겠다.

과천 비주택 개발 사례

서울의 개발 공식이 비강남 지역까지 퍼지면서 점점 땅값이 비싸지고 있기 때문에 서울은 서민 투자자들이 진입하기에는 다소 버거울 수 있다. 현실적으로 수도권이나 지방의 상가 건물을 적극 공략하는 것이 중요하다. 지금부터 서울의 개발 공식이 경기권에도 확산되고 있는지 확인해보겠다.

과천은 정부종합청사가 있는 중앙정부의 거점(일자리)이다. 또한 국토교통부 장관이 중앙정부 거점 사업을 완수하겠다고 주장한 GTX-C 노선의 거점이기도 하다. 뿐만 아니라 과천주공아파트 재건축이 한창 진행 중인데 땅 모양만 보면 대단지 아파트 주변으로 상권의 범위는 가두리 형식으로 되어 있어, 마치 개포주공아파트와 가두리 슬리퍼 상권으로 이루어진 개포동 역세권과 매우 흡사하게 생겼다.

당연한 것이지만 경기도에도 도시계획이 있다. 현재는 대한민국 모든 지자체가 생활권계획 체제로 전환하여 도시계획을 만들고 있고, 도시계획대로만 개발을 하고 있다. 이는 과거 소수의 힘 있는 사람들이나 업계 사람들만 알고 있던 정보다. 하지만 이제는 분석력을 기르고 충분한 훈련만 하면 누구나 충분히 투자할 곳을 발굴할 수 있다. 때문에 요즘은 오히려 예전보다 부자가 되기 쉽다.

과천주공아파트와 슬리퍼 상권으로 이루어진 정부과천청사역이다. 도시계획상 역세권 주변으로 정부종합청사와 역세권 일자리에서 근무하는 사람들과 주변 아파트에 입주하는 실거주자들을 위한 상권이 필요하다. 그런데 역세권 상업지역 범위가 그렇게 넓지 않기 때문에 마치 인공섬과 같은 구조다. 늘어나는 인구를 수용하기 위해서는 너무 좁아 보인다.

정부과천청사역 인근 상업지역이다.

출처: 국토정보플랫폼, 과천시 지구단위계획

정부과천청사역은 개포동역 역세권과 비슷한 특징을 지녔다. 따라서 상권 개발을 한다면 개포동역 역세권의 개발 사례를 따라서 늘어나는 수요를 충족하는 새로운 상권 개발을 할 가능성이 높다.

과천 그레이스 호텔(과천시 별양동 1-15) 재건축은 꽤나 유명한 상가 재건축 사례다. 기존 건물의 높이가 높음에도 불구하고 파격적인 용적률(1297.07%)을 부여하여 재건축을 진행 중이다. 고밀도 용적률 논란 때문에 사업이 잠시 중단된 적도 있었으나, 행정감사까지 거치면서 과천청사역 한양수자인으로 탈바꿈했다. 개발 사례가 나오면 주변 시세에 영향을 미친다. 해당 건물 바로 옆인 별양동 1-21번지 매물은 2020년 3월에 555억 원에 매입됐다. 토지면적 기준 평당 7109만 원에 거래된 것이다. 해당 시세는 과천주공9단지아파트가 2022년 1월 17일 공급면적 16평 매물이 12억 3000만 원(평당 7688만 원)에 거래되었을 때의 시세와 거의 유사하다.

경기도 일대도 상업지역 구분상가 재건축은 이제 막 걸음마를 떼기 시작했다. 해당 원주민들도 아파트 재건축 투자만 인지하고 있기 때문에 상가 재건축으로 시세 차익을 낼 수 있다는 사실을 잘 모른다. 그래서 과천주공아파트 바로 앞에 있는 과천시 별양동 1-13번지 매물은 가치가 있다. 과천시 도시계획을 분석한 결과 재건축 사업성도 꽤 준수할 것으로 판단된다.

과천시 별양동 1-22 일원 개발 사례. 9층 건물을 허물고 28층 건물로 신축하고 있다.

첫 번째 목표는 이것이다!

부동산 투자자라면 실거주자 입장이 아니라 정치인 입장에서 부동산을 생각해야 한다. 만약 자신이 관할하는 곳에 오래된 건물들이 많다면 어떤 생각이 들까? 당장이라도 허물고 정비해서 좋은 정주 여건을 만들고 싶을 것이다. 사업을 빠르게 진행할수록 자신의 업적을 빛낼 수 있다. 그러나 기본적으로 아파트 재건축은 시간이 오래 걸리는 편이다. 그렇다면 지금 당장 빠르게 진행할 수 있는 곳부터 인허가를 내줄 가능성이 높다. 소유주 80% 동의율만 충족되어도 재건축이 가능하도록 건축법이 개정된 시기가 2021년이기 때문에 아직 알려지지 않았지만, 2024년쯤이면 모두에게 알려진 투자의 주류가 될 가능성이 높다. 하지만 그때쯤이면 모두가 알고 있기 때문에 전만큼 큰 이득을 보기는 어려울 것이다.

투자에 익숙해지고 깊이 있게 알기 위해서는 사례를 반복하는 수밖에 없다. 그것이 정도이며 왕도다. 2부에서는 비주택 재건축 투자처로 적합한 4개 지역을 설명할 것이다. 그리고 약간 생소하겠지만 매우 유망한 2가지 비주택 투자 개념을 책 말미에서 소개하겠다.

2부

노후 계획도시 재건축에서 시작된 부의 대역전

: 아파트 투자보다 좋은 것

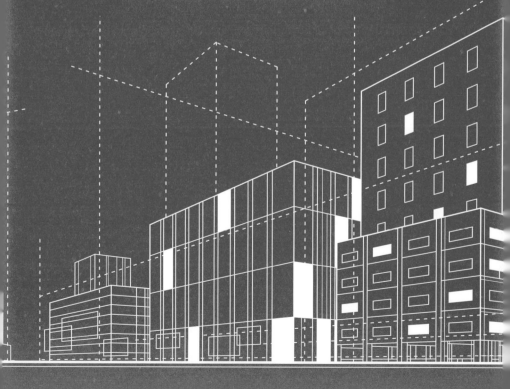

7장

• 부천시 •

투자자들의 성지에 지금 무슨 일이?

경기도 부천시는 인천과 서울을 이어주는 도시다. 투자자들에게 인천은 '재개발 투자의 성지', 부천은 '가로주택 정비 사업이 활발한 곳' 정도라고 알려져 있다. 부천에 가로주택 정비 사업이 활발한 이유는 넓게 분포된 준공업지역 때문이다. 과거 공장 일자리가 있는 준공업지역 배후에는 노동자를 위한 저층 아파트와 저층 빌라, 연립주택을 보급했다. 서울시 영등포구, 구로구, 금천구도 마찬가지라서 이곳들도 가로주택 정비 사업이 활발하다. 물론 인천에도 준공업지역이 넓게 분포되어 있지만 사업성이 좋은 연립주택이 많지 않고 한번 준공업지역에 대대적인 용도 변경이 있었기 때문에 가로주택 정비 사업보다는 용도지역 상향을 통한 재개발이 많다.

부천에서 서울로 갈 수 있는 대표적인 대중교통수단은 지하철 1호선과 7호선이다(2023년 2월 기준 아직 준공되지 않은 대곡-소사선, 대장-홍대선은 논외로 하겠다). 대중의 입장에서는 서울 강남과 이어진 7호선이 부천에서 가장 중요한 투자처라고 생각할 수 있다. 하지만 부천시 도시계획에 의한 개발 사업은 부천의 1호선에 집중되어 있다. 지지부진하던 역곡역, 소사역 역세권 재개발이 활발하며 국토교통부가 선정하는 재개발 사업에 선정되기도 했다. 뿐만 아니라 부천 원주민들이 가장 기피하는 상권인 부천역 역세권은 부천 내에서 서울의 개발 사례가 가장 잘 적용되어 고밀도 개발을 하고 있다.

광활하게 펼쳐진 부천역 역세권 상업지역에 주목해야 한다. 비록 지금은 누가 봐도 어수선한 상권이지만 서울 영등포역 역세권 상업지역 개발 모델을 잘 받아들여 시세 상승은 물론 부천시 도시계획대로 서울 관문도시 위상에 맞는 양질의 상권으로 변화할 것이다. 심곡동 465-28번지 모텔 인근의 토지가 매매가 1억 5000만 원에서 7억 5000만 원으로 급등한 것처럼 디벨로퍼들이 적극 진출하여 역세권 복합 개발이 활발하게 이루어지고 있다.

부천역 역세권 상업지역 개발 사례를 살펴보겠다. 디벨로퍼가 기존 여관을 헐값에 매수하여 개발했고, 높게 지어 큰 수익을 남겼다. 부천역 역세권에 이런 개발을 추진할 것이라는 도시계획을 알고 있었다면 우리가 여관을 헐값에 매수하여 디벨로퍼에게 비싸게 매도할 수 있었을 것이다. 실제로 나에게 상담받는 투자자들은 이런 투자를 하고 있

붉은색이 부천역 일대 상업지역이다.

출처: 경기도 지도 서비스

고 하락장에도 수익을 만들고 있다. 대출 덕분에 여관, 모텔을 매수하는 데 큰돈이 들어가지 않기 때문에 서민도 충분히 할 수 있는 투자인 것이다. 대출에 관한 이자는 모텔 운영으로 충분히 충당할 수 있다.

이 밖에도 과거에는 구분상가로 이루어진 집합건축물이었던 심곡본동 666-4번지도 신축 오피스텔로 탈바꿈했다. 실투자금 1억 이내로 신축 개발이 임박한 구분상가를 매수하여 비싼 가격에 보상받을 수 있다. 건너편에도 설치된 펜스를 볼 때 디벨로퍼들이 적극적으로 부천역 역세권을 노리고 있음을 알 수 있다.

부천시 도시계획을 보면 1호선을 거점으로 설정하여 개발하는 계획이 있는데, 곰곰이 생각하면 이해가 된다. 7호선 일대는 이미 개발

부천시 심곡동 142-10번지 개발 이전과 이후 모습이다.

출처: 네이버 로드뷰

부천시에서는 이처럼 신축 사업 현장이 즐비하다.

을 한 곳이고 이에 비해서 1호선 일대는 노후화가 심한 원도심이기 때문에 균형 잡힌 개발을 위해서는 1호선이 거점 개발지가 되어야 합리적이다. 다만, 도시계획은 늘 '균형'을 강조한다. 즉, 대중교통인 철도망 역세권을 거점으로 지정하여 개발한다면 도로망 또한 비슷한 개발을 하는 게 일반적이다. 1호선과 함께 서울과 인천을 이어주는 '경인로' 또한 매우 중요한 개발 거점이다. 부천의 1호선 역세권이 고밀도 개발하듯이 알게 모르게 경인로 가로변 상업지역 또한 은근히 스카이라인이 변하고 있다.

경인로변 상업지역 구분상가 집합건축물(비주택)은 지금도 또 다른 개발을 위해서 철거 중이다. 우리는 낡은 상가를 사는 게 아니라 재건축을 통해서 건물을 높이 지을 수 있는 좋은 땅을 선점하는 것이며, 이러한 개발은 도시계획상 거점일 경우에 왕성할 수밖에 없다. 지금 당장이라도 부천역 역세권에 갈 수 있다면 하루가 멀다 하고 펜스를 치고 신축 사업을 하고 있는 모습에 넋이 나갈 것이다.

대곡-소사선 준공은 늦어도 상관없다

부천의 호재는 무엇일까? 여러 가지가 있을 수 있겠지만 전철은 부천뿐만 아니라 어느 도시든 투자자들이 호재로 인식한다. 3기 신도시 부천대장지구, 원종동 일대의 호재로 인식되고 있는 대곡-소사선의 준공이 2023년 3월에서 2023년 6월로 미뤄졌다. 혹자는 호재가 지연되고 있으니 원종동 일대에 투자하는 것은 시기상조라고 여길 것이다.

그러나 이렇게 생각하는 것은 대중이라는 점을 명심해야 한다. 2018년 3월 19일 원종역 역세권 지구단위계획 결정(변경) 및 지형도면 고시(부천시 고시 제2018-59호 참고) 이후 디벨로퍼들이 상업지역 건물들을 선점하기 시작했으며, 이런 영향으로 **노후 주거지의 가로주택 정비 사업, 구분상가 재건축**이 매우 활발하게 진행 중이다.

즉, 원종역 역세권 상업지역은 앞서 소개한 동일로, 개포동처럼 거점 배후의 노후 상권을 개선할 목적으로 상가 재건축을 적극 밀어주기 때문에 우리의 투자처가 될 수 있다. 뿐만 아니라 부천대장지구와 같은 3기 신도시도 일종의 거점 사업으로 본다면 명실상부 원종역 역세권도 **확장성이 강한 거점**이다.

원종역 역세권은 향후 대곡-소사선 개통 이후 고밀도 개발 열풍이 더욱 강하게 불 것이라고 예상된다. 아직까지 디벨로퍼를 제외하곤 이러한 냄새를 맡지 못 하기 때문에 가격적인 장점이 있다. 원종역은 아직 개통되지 않은 역세권이다. 지구단위계획을 보면 상업지역이 네모 반듯하게 설정되어 있다. 뭔가 냄새가 나지 않은가? 상업지역을 이렇게 무를 자르듯이 만든 곳은 내 경험상 적극적인 역세권 개발을 위해서 일부러 지정한 구역인 경우가 많았다. 그렇다면 실제로 개발 현장이 있는지 직접 가서 확인하고 가급적 **재건축 사업성이 좋은 매물**이

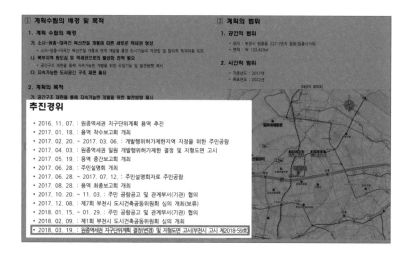

2018년 붉은색으로 표시한 '원종역 역세권 지구단위계획 결정(변경) 및 지형도면 고시' 이후 디벨로퍼들이 매수하기 시작했다.

출처: 원종역 역세권 지구단위계획 시행지침도

있는지 찾아서 선점하려는 노력을 해야 한다.

　이곳은 과거 비역세권 지역의 상가들을 허물고 역세권 출구와 근린 생활시설 개발이 진행 중이다. 역세권 상권이 되면서 새롭게 상권을 재편성하는 것이다. 역세권 개통으로 늘어나는 인구를 수용하기 위해 이와 같은 개발은 **기본적인 공식**이라고 보면 된다. 골목 안쪽 상업지역으로 더 들어가면 개발이 활발하다는 것을 알 수 있다.

　원종동 상업지역에 위치한 성락아파트에는 2021년 12월에 건축심의, 경관심의를 통과했다는 현수막이 걸려 있다. 역시 거점답게 빠른

붉은색 부분이 상업지역이다. 적극적인 역세권 개발을 위한 포석이라고 짐작할 수 있다.

출처: 원종역세권 지구단위계획

인허가를 받았다. 성락아파트 주변에는 모텔촌이 있다. 정주 여건으로서는 열악하다. 그러나 모텔들이 하나씩 사라지고 고밀도 개발 중이라 지가가 지속적으로 오를 것이다. 그리고 개발의 끝에 다다르고 입지가 되기 시작하면 대중이 몰리는 것이다.

원래 거점 단계에서 미래에 좋아질 입지를 예측하는 것은 쉽지 않다. 거점 개발지의 모든 사업이 다 잘 되어서 환경 전체가 바뀔 때 입지가 되는 것이다. 따라서 거점 개발 단계에서의 주변 환경들은 전혀 고려 대상이 되지 않는다. 명심하라! 원종역 역세권의 모텔 상권 같은 지역을 보고 불편해지지 않아야 상위 5% 투자자처럼 거점 단계의 매물도 선점할 수 있다.

2022년도 원종동의 빌딩은 평당 3000만 원이 넘는 가격에 거래되고 있다. 해당 시세는 결국 원종역 역세권 지구단위계획 주변으로 퍼질 것이며, 정비 사업에 긍정적인 영향을 줄 가능성이 높다. 서울시 성동구 성수동 연립주택 매물이 건물 시세와 거의 키맞춤 되어 올라간 것처럼 정비 사업을 진행하는 매물 가운데 평당 3000만 원 이상에 실거래되는 사례가 나올 가능성이 충분히 있다. 원종역 역세권 상업지역에도 많지는 않지만 노후 구분상가가 분명히 있다. 대표적으로 부천프라자(원종동 313-10번지)를 꼽을 수 있다.

원종역 역세권은 부천대장지구 거점의 배후지로서 주거지 개발과 상권 개발이 동시에 필요하다. 디벨로퍼들은 가장 사업성이 좋은 숙박업소를 매수한 후에 이런 상가 건물들을 개발할 것이다. 부천프라자는 재건축 사업성 면에서도 준수한 편이며 무엇보다도 가격적으로

부천시 원종동 272-2번지 사진. 원종역 일대 상업지역 모텔들이 개발되고 있는 추세다.

출처: 네이버 로드뷰

좋다. 아마도 원주민들이나 중수 정도의 투자자들은 이런 방식의 투자를 모르기 때문에 아직 거품이 끼지 않았다고 추측할 수 있다.

아파트 투자보다는 역세권 상가 재건축

1기 신도시 재건축 지역으로 꼽히는 중동신도시다. 1호선과 7호선을 동시에 끼고 있는데 역세권 상권의 분위기는 1호선보다는 7호선 인근이 잘 발달된 것처럼 보인다.

서울 접근성이 좋은 7호선 일대는 고밀도 개발 사례가 많은 데 비해 1호선은 중동신도시의 옛 모습을 그대로 간직하였다. 지자체장의 입장에서는 어떤 생각이 들까? 1호선 근방의 노후 주거지, 상가들을 7호선 인근에 준하는 수준으로 끌어올리고 싶을 것이다.

우선 대중도 관심을 가지고 있는 중동신도시 재건축에 관해 살펴보겠다. 대부분 3종 일반주거지역이지만 용적률 200% 이상의 아파트들이 많기 때문에 1기 신도시 아파트 중에서 재건축 사업성이 떨어지는 편이다. 물론 서울에서 추진하는 비욘드조닝(Beyond Zoning, 기존의 경직된 용도지역에서 벗어나 개발 사업자가 별도의 심의 없이 허용된 용적률 안에서 자유로운 개발을 허용하는 지역, 특히 싱가포르에서 이런 개념을 적용하여 도시 개발을 하고 있다)의 개념을 적용한다면 일부 블록 지역(zone)은 고밀도 개발이 가능할 수도 있겠지만 다른 1기 신도시 재건축 아파트 또한 동일한 개념을 적용할 가능성이 높기 때문에 가격적인 매력이 있

7호선 중동신도시(위)와 1호선 중동신도시(아래, 송내역 역세권)의 모습. 건물 높이가 확연히 차이 난다.

지 않는 이상 다른 경기도 재건축 대상 아파트에 비해 투자 가치는 다소 떨어지는 편이다.

따라서 부천시장이 최우선으로 관심 있는 1호선 개발은 역세권 정비 사업에 초점이 맞춰져 있다. 이런 분위기에 의해 2021~2022년에 1호선의 3080+ 도심주택복합사업지(문재인 정부 말기 추진된 수용방식 정비 사업으로, 기존 민간사업으로는 개발이 어려워 저이용, 노후화 지역을 공공부문에서 지정해서 부지를 확보하고 도시기능 재구조화를 위한 거점 조성을 동시에 추진하는 사업)는 무려 5개나 늘어났다(여기서 도심주택복합사업의 장단점은 다루지 않겠다).

우리는 3080+ 도심주택복합사업의 행간 정도만 이해하면 된다. 재개발·재건축에 관해 신중한 태도를 보인 정부도 해당 지역은 반드시 개발해야 할 이유가 있는 거점이기 때문에 지정한 것이다. 그렇다면 우리는 3080+ 도심주택복합사업을 하나의 거점으로 두고 투자 가치가 높은 지역을 엄선하는 것이 중요하다. 바로 고밀도 개발이 가능한 땅이다.

따라서 3080+ 도심주택복합사업지를 제외하고 우리가 실질적으로 투자할 수 있는 중동신도시 인근 지역은 중동역 역세권, 송내역 역세권에 있는 준공업지역과 상업지역이다. 중동역 역세권 준공업지역은 가로주택 정비 사업의 성지답게 사업성이 준수한 연립주택들이 있다. 대표적으로 송내동 385-13번지(평화연립주택)는 전형적인 부천시 준공업지역의 연립주택이다.

비주택에 투자해야 한다면 송내역 역세권 상업지역 구분상가 매물

| 소사역 북측구역 | 중동역 동측구역 | 중동역 서측구역 |

| 송내역 남측1구역 | 송내역 남측2구역 |

1호선 역세권에 새롭게 지정된 3080+ 도심주택복합사업지는 총 5개 지역이다.

출처: 부천시청

을 적극 공략하는 것도 유용하다. 부천역 역세권에 디벨로퍼들이 적극 진출하면서 평균 시세는 평당 3000~4000만 원(심지어 평당 약 6000만 원에 거래된 매물도 있다)으로 상승했고, 주변 지역에 돈을 번 사례가 늘어나다 보니 송내역 역세권 일대에 점차 고밀도 개발 사례가 등장하기 시작했다.

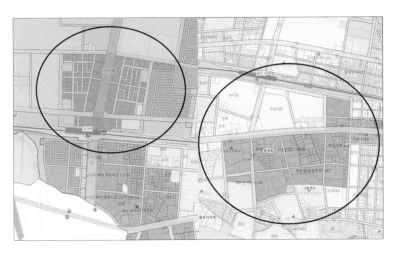

3080+도심복합사업지를 제외하고 고밀도 개발이 가능한 지역을 원으로 표시했다. 붉은색 지역은 상업지역, 파란색 지역은 준공업지역이다.

출처: 경기도 지도 서비스

상동 463-2번지에는 주차장 부지로 쓰이다가 지하 4층, 지상 34층에 총 630세대가 입주할 행복주택을 신축하고 있다. 송내역 역세권 중에서는 가장 높은 용적률(1,300%)을 자랑하고 있다.

LH나 SH, GH 등이 주관하는 사업지들은 일종의 샘플이라고 보면 된다. 공공이 주도하는 고밀도 개발 사례가 나오기 시작하면 향후 디벨로퍼들이 적극적으로 진출할 통로가 된다. 디벨로퍼들이 개발 사업을 시작할 때 공공이 주도한 고밀도 개발 사례에 준하는 인센티브를 받고자 하기 때문이다.

상동 413번지의 상동스카이뷰 자이는 토지 이용이 명확하지 않은 저이용 부지로 방치되어 있다가 신축이 완료되었다. 지하 5층~지상

45층, 용적률 997.78% 규모로 용적률이 거의 1,000%에 육박한다. 이처럼 송내역 역세권은 공공주도사업 이후 민간 사업자들이 진입하는 단계에 이르렀다. 향후 7호선의 대로변 스카이라인처럼 고밀도 개발이 왕성해질 것이라고 예상할 수 있다.

아직은 뒤에서 소개할 고양시 화정역 역세권에 비해 사례가 많지 않지만 고밀도 신축 사업을 하고 있는 2곳 모두 층수 제한 없이 지을 수 있도록 규정되어 있다. 지구단위계획을 살펴보면 상동스카이뷰자이는 '5층 이상, 용적률 1,000% 이하' 규모로 신축할 수 있는 부지에 조성됐다. 그러나 일부 구역들은 '3층 이하'라고 명시되어 있다. 즉, 개발 수익을 극대화할 수 없는 매물이다.

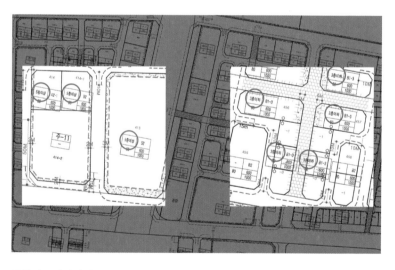

중동지구 상업지역 높이 규정을 살펴보면 '5층 이상', '3층 이하'라고 명시되어 있다.

출처: 부천시 지구단위계획

내가 어디가 투자하기 좋다고 알려줘도 정확히 어떤 매물을 언제 사서 언제 팔아야 하는지 스스로 정할 수 없다면 아무런 소용이 없다. 아파트보다 비주택이 좋다고 강조해도 어떤 비주택 매물을 살지 스스로 알아보는 눈을 길러야 한다. 그러니 이 책을 통해 도시계획을 제대로 공부하는 동기부여가 되길 바란다. 역세권 상업지역 노후 상가라고 해서 아무 매물이나 사면 안 된다는 사실을 꼭 기억해야 한다.

1기 신도시 특례법에 의해서 재건축 활성화 방안이 나오면 하락장이 마무리 단계에 얼추 도달할 것으로 예상되며, 이 시기에 투자자들이 본격적으로 몰릴 것이다. 그리고 몇몇 투자자들은 비주택 매물에 관심을 가질 것이다. 그러나 도시계획상 규정되어 있는 높이 제한이 있고, 이런 규정들은 사업성을 결정하는 요인이기 때문에 어떤 매물을 매수하느냐에 따라 희비가 갈린다.

즉, **입지가 비슷한 매물이 모두 사업성이 좋을 것이라고 생각하고 무작정 매수하는 것이 아니라, 높이 제한 없이 빠르게 재건축할 수 있는 매물을 엄선하는 지혜를 발휘해야 한다.**

8장

• 광명시 •

광명우체국 사거리는 어떻게 변할까?

국토교통부는 선진국의 개발 사례를 배워서 가장 먼저 서울시에 적용한다. 긍정적인 결과로 이어지면 수정·보완하여 경기도 및 지방 광역시에 적용한다. 그래서 서울시 도시계획은 전국 지자체의 도시계획에 지대한 영향을 미친다. 그 결과 서울의 개발 공식만 제대로 알아도 대한민국 부동산 시장의 노른자를 선점할 수 있다. 지금 소개할 곳은 서울의 개발 공식(대로변 고밀도 개발, 아파트 재건축과 배후 상가 재건축)을 충실하게 적용할 수 있는 투자처다.

안양천을 사이에 두고 서울시 구로구, 금천구와 경기도 광명시가 나뉘어 있다. 현재 서울시는 관문 입지 개발에 주력하고 있고 그 결과

탄생한 거점이 가산디지털단지, 구로디지털단지로 우리에게 잘 알려진 가산·대림 광역중심지다. 이곳에는 넷마블 같은 게임, IT 일자리뿐만 아니라 항공우주과학과 관련된 일자리도 있다.

거점 개발 사업은 **일자리, 배후 주거지, 신규 노선, 상권**을 복합적으로 개발하는 사업을 일컫는다. 만약 서울시가 광역거점을 이곳에 두지 않았다면 가산·대림 광역중심지의 배후 주거지로 기회를 받고 있는 광명시는 지금과 같은 전폭적인 행정적 지원(빠른 인허가, 신규 재개발 구역 지정 등)을 받기 어려웠을 것이다.

비단 광명시뿐만 아니라 서울시와 접한 도시들은 서울시가 거점을 어디에 지정하느냐에 따라 기회를 받는다. 마곡 광역중심과 김포공항 거점 개발로 부천대장지구(3기 신도시)와 계양테크노밸리(3기 신도시)가 기회를 받고 있으며, 상암 광역중심 거점 개발로 고양창릉지구(3기 신도시)가 기회를 받는 것이다.

구로구 남구로역 역세권 일대를 재개발하여 광역거점의 배후 주거지 역할을 주려고 서울시와 구로구가 엄청나게 노력했지만 번번이 실패했다. 물론 여전히 서울시 도시계획에는 조선족 밀집 지역인 남구로역 역세권과 구로역 역세권 주변 저층 주거지 개발을 위한 계획들이 존재하지만 진행 속도가 더디다. 그래서 광명시 주거지 개발이 좋은 대안이 된다.

핵심은 서울의 믿을 만한 거점이 광명시 인근에 있다는 것이다. 그 결과 광명의 배후 주거지 사업, 신규 노선 연장 사업, 노후 상권 개발 사업은 도시계획상 잘 해내야만 하는 사업들이 되었다. 그래서 현명한 투자자라면 본인의 여건에 맞게 주택 재개발·재건축에 단기 투자하여 쉽게 차익을 남기거나 재건축이 될 만한 상가에 투자하여 지분을 쪼개서 수익을 내든 실제로 재건축을 추진하여 수익을 내든 개발에 의한 통매입에 의해서 수익을 내든 수익을 실현하면 된다. 어렵지 않다. 이제부터 광명에서 비주택 투자처로 어디가 괜찮을지 차근차근 알려주겠다.

광명시 철산·하안택지개발지구(붉은색 표시)와 구로구 가산·대림 광역중심지(푸른색 표시). 광명시 주거지 개발은 구로구 개발의 좋은 대안이다.

출처: 국토정보플랫폼

주택과 비주택 재건축 경험이 풍부한 광명시

투자를 하다 보면 지자체의 행정력이 내 수익에 영향을 미친다는 것을 금방 깨닫는다. 예를 들면 지자체장이 개발에 적극적인 서울시 은평구를 보면 개발을 하려는 적극성 덕분에 입지적으로 고립되고 사업성이 뛰어나지 않은 구역들도 인허가가 빠른 경향이 있다. 지자체장의 성향이 이렇다 보니 해당 공무원들도 여러 번 경험할 수 있었고 업무 처리가 빠르다. 투자자 입장에서 단타 치기 좋은 곳이다.

광명시는 사업성이 좋지 않아 많은 재개발구역이 해제되었지만 광명뉴타운을 진행한 경험이 있고, 철산주공아파트 재건축 경험도 있다. 뿐만 아니라 철산주공아파트 재건축 인근 역세권인 철산역 역세권 상업지역 노후 상가 재건축과 철산중앙시장 재건축(시장 정비 사업)을 진행하고 있다.

철산주공아파트는 광명사거리에 위치한 광명뉴타운보다도 서울시 가산·대림 광역중심지와 가깝다는 장점이 있기 때문에 가산·대림 광역중심지 일자리의 배후 주거지로서 훌륭한 입지다. 공공재개발 지정구역 현황을 보면 광명뉴타운도 기회를 받고 있지만 철산주공아파트와 하안주공아파트 재건축이 광명뉴타운보다 이점이 있는 것은 확실해 보인다. 철산주공7단지아파트가 재건축되어 철산역 롯데캐슬이 되었고, 인근에 빈 땅처럼 보이는 곳이 철산주공8, 9단지아파트를 허물고 재건축 중인 현장이다.

서울 관문 입지 광역 일자리 거점인 가산·대림 광역중심지가 있고,

재건축되는 철산주공아파트 7, 8, 9단지의 위치다.

출처: 경기도 지도 서비스

배후 주거지 사업지로는 안양천 너머 철산주공13단지아파트(철산역)
와 광명뉴타운(광명사거리역)이 있다. 광명시는 광명뉴타운뿐만 아니
라 철산주공아파트 재건축 경험을 통해서 다음 차례인 하안주공아파
트 재건축 또한 매끄럽게 진행할 것이다.

대단지 하안주공아파트 또한 서울시 가산·대림 광역중심의 배후
주거지다. 철산주공아파트 재건축이 철산주공아파트 슬리퍼 상권 재
건축에 어떤 영향을 미치는지 보자. 이 개발 공식 그대로 하안주공아
파트와 그 배후 상권 재건축에 그대로 적용할 것이다. 공무원들은 성
공 사례를 재사용할 수밖에 없다.

가장 먼저 재건축에 성공한 철산주공7단지아파트를 분석해보자. 광명시에 있는 노후 재건축 단지 중에서 비교적 사업성이 좋았다. 철산주공7단지아파트는 빠르게 재건축되어 총 1313세대 규모의 철산역롯데캐슬&SK VIEW 클래스티지로 재탄생했다.

철산주공7단지아파트 건너편에 철산주공8, 9단지아파트 재건축 현장이 있다. 철산주공7단지아파트 소유자들이 재건축으로 돈을 벌었으니 인근 단지들도 빠르게 재건축을 진행하고 있다. 단계별 프리미엄만 취하는 고수들의 투자 공식에 따라서 많은 수익이 빠르게 발생한 투자처가 바로 철산주공아파트 재건축이다. 광명시에 있는 그 어떤 신축 아파트보다도 효율적인 투자처였다. 대중은 노후 아파트에서 몸테크할 걱정으로 재개발·재건축 투자를 기피하지만 고수들은 이런 곳에서 투자금 대비, 기간 대비 빠르게 수익을 냈다.

철산역 역세권 토지이용계획을 보자. 철산역 역세권 주변으로 상업지역이 형성되어 있다. 철산역 역세권은 철산주공아파트 주민들이 주로 이용하는 역이다. 철산주공아파트가 지은 지 30년이 넘어 재건축이 진행되고 있다는 것은 역세권의 상가 건물들도 지은 지 30년 이상되었다는 의미다. 즉, 상가 재건축이 필요하다는 뜻이다.

앞서 설명한 개포주공아파트 사례와 과천주공아파트 사례가 떠오르는가? 공무원들은 타 지역의 개발 성공 사례를 자신의 지역에서 그대로 따라 하는 경향이 있다. 철산주공아파트라는 대단지 아파트가 재건축 연한이 되어 정비 사업을 시작했고 철산주공7단지아파트의 경우 이미 신축되어 사람들이 입주했다. 조만간 철산주공8, 9단지아

철산동 상업지역 높이 규정 및 토지이용계획이다.

출처: 광명시청(왼쪽 아래), 경기도 지도 서비스

파트에도 신축 입주민들이 들어올 것이다. 그렇기 때문에 역세권 노후 상권을 재건축하여 철산역 역세권 신축 아파트 입주민들의 정주여건을 개선하는 것이 광명시의 도시계획인 것이다.

철산역롯데캐슬&SK VIEW 클래스티지는 3종 주거지역임에도 불구하고 층수가 무려 36층이나 되는 고층 건물이다. 한편 철산역 역세권 상가 재건축은 개포동역 역세권이나 과천 별양동 상가 재건축처럼 고밀도 개발을 할 것이다. 그래서 고수들은 재건축 아파트의 슬리퍼 상권이 되는 노후 상가 건물의 구분상가를 대출을 최대한 활용하여 (일반적으로 매매가의 50% 대출) 실투자금 몇천만 원으로 빠르게 몇 배

차익을 보는 투자를 하는 것이다. 어차피 단기 시세 차익이 목적이지 월세 수익이 목적이 아니기 때문에 세입자와 협상하며 재건축 속도가 늦어지는 것보다 공실 상태가 오히려 나을 수 있다.

철산역을 중심으로 거점 개발 공식을 다시 한번 상기하자.

- 일자리 거점: 가산·대림 광역중심
- 배후 주거지: 철산주공아파트 재건축
- 배후 상권: 철산역 역세권 상가 재건축

철산역 인근은 가산·대림 광역중심의 배후 주거지와 상권으로 개발된다.

출처: 국토정보플랫폼

도시계획상 합당한 명분이 있기 때문에 행정적 지원을 통해서 아파트 재건축이든 상가 재건축이든 속도가 빠른 것이다. 우리는 입주권을 받지 말고 한 포인트만 취한다는 생각으로 투자를 해야 한다. 그래야 잃지 않으면서도 빠르게 수익을 낼 수 있다. 정비 사업은 사람이 하는 것이기 때문에 통제할 수 없는 변수에 의해서 지지부진해지거나 무너질 수 있다.

2022년, 철산중앙시장도 정비 사업에 들어간다는 현수막이 걸렸다. 이곳도 철산역 역세권 상업지역에 있다. 이름은 시장이지만 상가 건물 형태다. 이미 서울에서는 길음뉴타운, 신길뉴타운을 비롯하여 시장 정비 사업이 활발하다. 본래 철산주공아파트 거주민들을 위한 편의시설이었지만 이제는 신축 입주민에 걸맞은 쇼핑시설이 필요하다. 그래서 재건축을 진행하는 것이다. 이곳은 역세권 상업지역 고밀도 주상복합 사업이 예상된다.

광명시에서 철산주공아파트 재건축과 상가 개발 사업들은 좋은 사례이다. 광명시에서는 철산동에서 시범적으로 사업을 진행하고 축적된 데이터로 제2의 사업지(주택·비주택 재건축)를 선택할 것이다. 우리는 투자자이기 때문에 사례 공부로만 그치면 안된다. 다행스럽게도 철산동과 바로 이웃한 '이곳'이 다음 순서이기 때문에 이제 발길을 옮길 차례다.

하안주공아파트 재건축의 배경

앞서 철산·하안택지개발지구(철산주공아파트, 하안주공아파트)와 가산·대림 광역중심지(서울 일자리 거점)의 상관관계를 설명하면서 현재 철산주공아파트 재건축과 철산역 역세권 상업지역 개발 사례들을 소개했다. 광명시 철산동과 하안동은 가산디지털단지, 구로디지털단지 일자리의 배후 주거지 역할을 하기 때문에 재개발·재건축 인허가가 잘 나오는 편이며 철산동 개발 이후 하안동으로 흐름이 넘어가고 있다.

하안택지개발지구는 비역세권 지역이자, 베드타운이었다. 재건축 이슈 전에는 그렇게 주목받던 지역이 아니었다. 그러나 도시계획을 알면 다르게 보일 것이다. **3기 신도시와 구름산지구, 하안2 공공주택지구 등 신규 택지개발지가 하안택지개발지구와 유기적으로 연결되어 있다**(126쪽 그림 참고).

한편 하안주공아파트 재건축 투자자들은 역세권 호재에 관해 관심이 있을 것이다. 역세권이 된다면 '광명우체국 사거리'가 가장 유력할 것으로 보고 있다. 그러나 신천-신림선, 구로차량기지선 어느 것도 확정된 것이 없다. 이 때문에 하안주공아파트 재건축을 회의적으로 보는 시각도 존재한다. 그러나 이런 식으로 결론을 내리는 것은 하수이다.

명확한 사실은 광명시장은 하안택지개발지구를 역세권으로 만들고 싶어한다는 것이다. 광명·시흥 3기 신도시 등 광명시에서 추진하는 신규 택지개발 사업지들을 연결하고자 한다. 여기서 눈치를 채야 한다. '지자체장의 도시계획을 읽고 누군가는 선점해서 개발하겠구나!'

광명시의 또 다른 대형 거점인 신규 택지개발 사업지들이 유기적으로 연결되어 있다.

광명시가 밀고 있는 신천-신림선(왼쪽), 국토교통부에서 발표한 구로차량기지선(오른쪽)이다.

출처: 광명시(왼쪽), 국토교통부(오른쪽)

광명우체국사거리는 아직까지 역세권이 아니다. 그러나 지자체들은 때로는 비역세권이지만 중요한 거점이라고 점찍은 곳을 마치 역세권이 된 것처럼 개발하기도 한다. 우선 속도를 내고 있는 지역이 **하안동 공공재개발 지역**과 **지식산업센터 신축 지역**이다. 과연 무슨 일이 벌어지고 있을까?

광명시 초기 재개발에 관심이 많은 사람들도 하안동 공공재개발구역(하안동 597번지)은 잘 모르는 경우가 많다. 국토교통부가 지정한 사업지가 아니라 경기도에서 지정한 사업지이기 때문이다. 이곳은 무려

역세권으로 유력한 광명우체국사거리 일대이다.

출처: 국토정보플랫폼

1900세대의 신축 아파트를 공급할 수 있는 곳이다.

신규 택지개발 사업이 있으면 반드시 주변 노후 주거지는 재개발 혹은 재건축 대상이 된다. 과도할 정도로 아파트를 공급하는 이유는 광명우체국 사거리가 광명시뿐만 아니라 경기도 차원에서 거점이기 때문이다. 거점이라면 당연히 일자리도 있어야 한다.

지식산업센터 신축 지역은 광명우체국 사거리와 인접한 지역이자, 광명시가 야심 차게 개발하고 있는 신규 일자리 거점 사업지다. 광명시의 의도를 파악하지 않는다면 '역세권도 아닌 지역에 왜 지식산업센터를 불필요하게 지을까?'라는 의구심이 들 것이다. 하안동 303번지 지식산업센터는 하안동 거주민들만의 일자리가 아니다. 가산·대림 광역중심의 보조 일자리이자, 향후 광명시에서 공급될 광명·시흥지구 등 택지개발 사업지의 신축 아파트에 입주할 주민들을 위한 일자리다. 그렇기 때문에 자동차 경매장 부지였던 곳을 개발해서 지식산업센터로 신축하는 것이다. 기존 중고차 경매장 주변으로는 유흥상권이 발달할 수밖에 없었다. 그러나 양질의 일자리로 대체되었으니 상권도 양질의 상권으로 개선될 것이다.

그렇다면 우리는 어디에 투자해야 하는 것일까? 지식산업센터 분양을 받을 것인가? 아니다! 우리는 지식산업센터나 고밀도 오피스 개발이 가능한 구축 건물을 매수해야 한다. 그러나 건물을 매수할 자금이 충분하지 않으니 구분상가를 매수해야 한다. 지식산업센터 신축 지역에는 대로변 상업지역이 가장 높게 신축할 수 있다.

대로변은 특히 고밀도 개발을 적극 권장하고 있다. 서울도 대로변

가산·대림 광역중심의 보조 일자리를 만들기 위해 하안동 303번지 자동차 경매장을 허물고 지식산업센터를 개발했다.

출처: 네이버 로드뷰

일 경우 상업지역, 준주거지역이 아니더라도 고밀도 개발이 가능하고 앞서 살펴봤던 부천도 대로변 상업지역에 고밀도 개발을 진행 중이다. 심지어 대구광역시 등의 지방에서도 대로변 고밀도 개발이 이루어지고 있다.

왜 그럴까? 첫 번째로는 미관상의 기능이다. 차량을 많이 이용하는 사람에겐 대로변의 미관이 곧 해당 도시의 이미지로 이어지기 때문이다. 두 번째는 차량 이동이 많다는 것은 유동 인구(대체로 출퇴근)가 많다는 의미이기도 하다. 범안로를 지나 서울의 독산동, 가산동의 지식

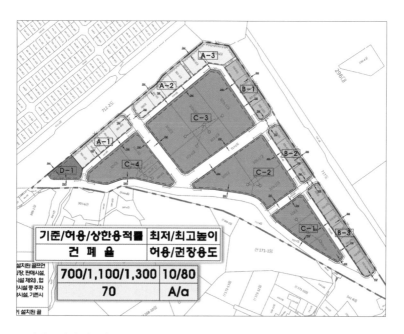

노란색 표시된 대로변 상업지역이 가장 높게 신축할 수 있다.

출처: 광명시 지구단위계획

산업센터로 출근하는 노동자가 많다는 의미다. 만약 범안로 일대에 양질의 일자리가 공급된다면 범안로로 출퇴근하는 인구들을 끌어올 수도 있다.

따라서 범안로 일대(하안동 302번지)는 노후 상업지역 건물들을 복합 개발해서 저층부에는 상가를 두고 양질의 상권으로 재편성할 가능성이 높다. 즉, 1부에서 소개했던 개포동역 역세권, 창동역 역세권, 노원역 역세권 개발 사례를 거의 복사, 붙여넣기식 하듯이 개발될 것이라 예상한다.

하안주공아파트 배후 상업지역은 살펴보면 알겠지만 해당 상업지역도 높이 제한이 다르다. 특히 범안로 일대 블록(하안동 36-4번지 일원)이 가장 높게 지을 수 있는 구역이다. 인근 지역은 하안주공아파트로 둘러싸여 있다. 즉, 하안주공아파트 실거주자들의 슬리퍼 상권을 담당하고 있다.

그러나 광명우체국 사거리가 경기도의 새로운 거점으로 부각되고 있는 데 비해 상업지역 범위가 그렇게 넓지 않다. 따라서 하안주공아파트의 배후 상권까지 고밀도 개발 대상에 포함될 필요가 있다(일부 구역은 고밀도 개발이 불가능하니 꼭 도시계획 원문을 체크해야 한다). 거점 개발 공식에 따라 대단지 재건축(하안주공아파트)의 슬리퍼 상권 역할을 하는 상가들도 당연히 재건축되어야 한다.

대중은 교통 호재에 상당히 민감하다. 그러나 '상위 5% 투자자'들 기준에는 교통 호재는 있어도 그만, 없어도 그만이다. 일자리 거점 사업과 택지개발 사업이 척척 이루어지고 있고, 그 후속 개발로 노후 주

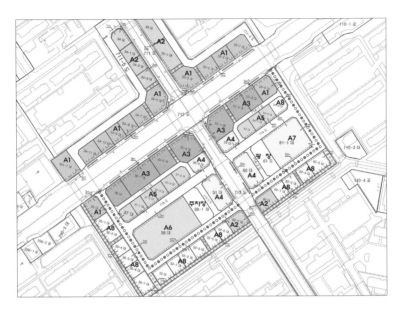

하안주공아파트 배후 상업지역의 도시계획. 이중 파란색, 보라색 영역이 가장 높게 신축할 수 있는 곳이다.

출처: 광명시 지구단위계획

하안주공아파트 배후 상업지역과 범안로 일대. 유흥상권이 혼재되어 정비가 필요하다.

거지 재개발·재건축이 이루어지는 곳을 절대로 놓치지 않는다. 이런 거점 사업지들은 LH나 GH 등 공공기관이 선점하는 경우가 많다. 즉, 정치인들이 이미 머릿속으로 그려 놓고 남들이 모르는 사이에 과감하게 움직이고 있는 것이다. 하안동 일대는 어떤 안경을 쓰느냐에 따라 아직 제대로 교통망 호재도 없는 그저 그런 재건축 투자처로 여겨질 수도 있고 남들이 무시할 때 고수들이 선점해서 제대로 돈을 버는 알짜배기 투자처가 될 수도 있다.

9장

• 안산시 •

상록수역 역세권에는 GTX가 멈출까?

'안산' 하면 어떤 이미지가 떠오르는가? 공장, 유흥가, 외국인 노동자, 이런 단어들이 떠오를 것이다. 마치 서울 토박이들이 서울시 성수동, 청량리역, 용산역 일대의 예전 모습을 떠올릴 수밖에 없는 것과 비슷하다. 10년 전 모습만 알고 있는 사람들은 지금 그곳에 가보면 놀랄 수밖에 없다. 상업지역 땅값이 평당 1~2억 원에 활발하게 거래되는 곳으로 거듭났기 때문이다. 토박이들의 기억처럼 먼 과거까지 가지 않더라도 불과 10년 전 평당 1000~2000만 원으로 거래되던 지역이다. 지금은 거점 개발을 통해 신축 건물들이 생기면서 입지가 된 곳이지만 10년 전에는 모두 볼품없는 거점 개발지였다. 부자들은 보통 사람들이 꺼렸던 이곳에 투자해서 편하게 돈을 벌었다. 안산에 관한 대중의 부정적인 이미지는 투자자에게 하나도 중요하지 않다. 단지, 행정적 지원을 받을 수 있는 거점인 동시에 대규모 개발이 임박했는지만 따지면 된다. 물론 가격도 중요한 요소다. 한정된 투자금으로 전국여러 거점을 비교하면서 투자금 회수가 빠를 곳을 찾아서 투자할 줄알아야 한다.

안산이 재건축 성지인 이유

안산은 재건축 성지다. 이유는 크게 2가지다. 먼저 오래된 연립주택, 다세대주택, 저층 아파트가 다른 지역에 비해서 압도적으로 많았다. 안산에는 왜 그러한 주거시설이 많았을까?

선부역 역세권과 성포주공11단지아파트 부근에는 각각 육각형 모양의 로터리가 있다. 30여 년 전에 개발된 신도시이기 때문에 자연적으로 만들어진 마을처럼 보이지 않는다. 보통 자연적으로 형성된 마을들은 도시가 성장하는 과정에서 과밀화와 상업화가 일어나며 다세대주택이 빼곡하게 지어져 녹지가 턱없이 부족하다. 게다가 주차 공간이 부족할 뿐만 아니라 도로도 워낙 협소해서 학생들의 안전한 통학로도 충분히 확보되지 못하고 있다. 이런 고밀도 지역은 신축 시 난개발이 되기도 한다. 대표적으로 서울의 강북에 이런 지역들이 많은데 비해, 안산과 같은 신도시들은 시원시원한 도로를 중심으로 아파트 단지들이 바둑판 모양으로 잘 정비되어 있다. 애초에 이곳은 계획도시인 것이다. 1기 신도시와 마찬가지로 토지구획이 잘 정리된 그런 계획도시 말이다.

왜 이렇게 계획적으로 개발될 수 있었을까? 광활한 일반공업지역, 준공업지역 덕분이다. 서울시의 준공업지역이 별도의 구역 지정 없이도 거점이 되듯이, 국토교통부가 산단 대개조 사업을 국가의 중대한 프로젝트로 삼고 있기 때문에 이곳 또한 거점으로 봐야 한다. 반월공업단지와 시화공업단지를 합쳐 반월시화공단으로 불리는 곳인데, 박정희, 전두환 정부 때부터 이곳에 근무하는 공장 노동자를 위하여 연립주택과 군인 아파트처럼 생긴 저층 주공아파트를 대거 보급했다.

서울 구로공단(현재는 가산·대림 광역중심지) 배후인 영등포구, 구로구, 금천구에도 유독 빨간 벽돌로 지은 연립주택과 저층 아파트가 많았다. 그 결과 현재는 사업성 좋은 재개발·재건축, 가로주택 정비 사업, 소규모 재건축의 성지가 되었다.

안산에는 수도권에서 가장 큰 규모의 공업 일자리가 있어 노동자를 위한 연립주택, 저층 아파트가 유독 많다. 재건축 성지가 되기에 매우 충분한 조건을 갖추었다. 해당 주거지들이 어느덧 준공한 지 30년이 넘어 순차적으로 재건축이 진행되고 있다.

2번째는 건축할 수 있는 건물 높이가 자유롭다는 점이다. 사실 서울만큼 고도 제한이 까다로운 곳이 없다. 더불어 아직까지 서울은 2종일반주거지역(7층 이하) 규제가 존재하기 때문에 정비 사업이 쉽지 않다. 서울만 벗어나면 이런 제한은 한결 느슨해진다. 서울이 아니면 2

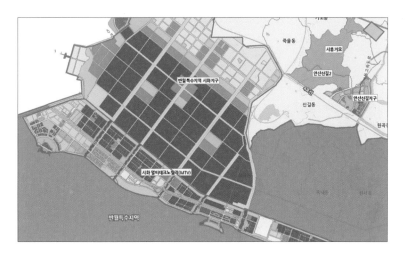

일명 반월시화공단. 광활한 보라색 땅이 모두 일반공업지역, 준공업지역이다. 수도권 최대 규모다.

출처: 경기도 지도 서비스

종 일반주거지역(7층 이하) 제한이 없고, 심지어 구릉지에도 고밀도 개발을 허가해주는 경우가 매우 많다. 특히 안산에는 경관 제한 요소(산, 하천, 군부대, 역사문화재, 공항 등)가 다른 지역에 비해서 훨씬 적다는 장점도 있기 때문에 재건축 사업성이 좋다. 사업성이 나쁜 단지에 인센티브를 과감하게 부여해서 빠른 개발을 유도한 경험이 많은 지자체이기도 하다. 그 사례는 뒤에서 설명하겠다.

저층 주공아파트가 재건축되어 3종 주거지역 힐스테이트 신축 아파트가 되었다. 참고로 서울의 3종 주거지역보다 경기, 지방의 3종 주거지역이 더 높게 지을 수 있다. 이 또한 서울의 경관 규정이 비교적 엄격하다는 방증이다.

137

저층 주공아파트가 힐스테이트중앙아파트가 되었다. 서울에서 이런 높이의 건물을 짓기란 쉽지 않다.

지금은 초고층 아파트인 초지역메이저타운푸르지오메트로단지 또한 재건축 전에는 저층 주거지였다.

출처: 네이버 로드뷰

안산시는 계획이 다 있다

현재는 대한민국 모든 도시가 서울시 도시계획에 영향을 받아 저마다의 생활권계획이 있다. 과거처럼 주먹구구식으로 재개발·재건축 사업지를 지정할 수 없고 도시계획상 거점 배후로만 지정하는 것이 원칙이다. 정비구역 지정 관련 고시문만 보더라도 '거점'이라는 단어가 많이 보인다. 즉, 짜인 각본대로 개발을 하기 때문에 투자자 입장에서는 도시계획이 최대한 디테일하게 묘사되어 있는 지자체가 투자하기 유리하다. 물론 친절하지 않은 도시계획이 훨씬 많기 때문에 투자자의 해석 능력이 중요한 것이 현실이기도 하다.

안산시는 이미 재건축이 완료된 단지를 제외하고 향후 재건축이 필요한 안산시 관내 모든 단지를 전수 조사하여 **재건축이 가능한 38개 단지**(연립·아파트)를 추렸다. 여기까지는 여타 다른 도시들도 도시계획에 반영을 하기 때문에 안산시가 특별히 일을 잘한다고 말하기 어려울 수 있다. 그러나 우리가 주목해야 할 포인트는 따로 있다.

바로 '종상향'이다. 재개발·재건축 투자를 자주 해봤던 사람들은 당황할 것이다. 특히 서울 투자만 전문적으로 했던 사람들은 안산시의 종상향을 보고 말도 안 된다고 생각할 수도 있다. 현재 서울에서는 무조건적인 종상향이나 용도 변경은 없다. 인센티브를 받으려면 반드시 대규모 임대를 수용해야 한다. 실제로 서울 잠실주공5단지는 서울시가 제안한 임대를 수용했기 때문에 현재 재건축을 진행할 수 있게 되었다. 재건축 유망주로 관심을 받는 목동신시가지아파트 중 2종 주거

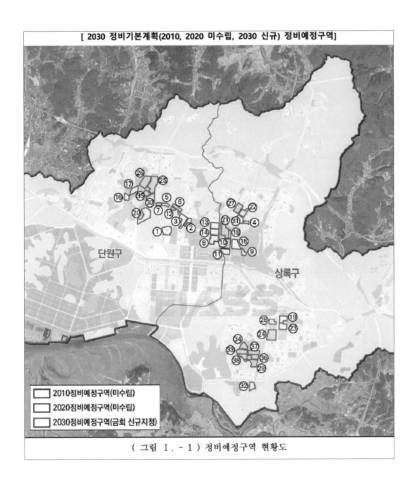

[2030 정비기본계획(2010, 2020 미수립, 2030 신규) 정비예정구역]

(그림 Ⅰ. - 1) 정비예정구역 현황도

안산시는 상록구와 단원구 일대의 환경 개선을 위해 정비할 38개 단지를 조사했다.

출처: 2030 안산시 도시주거환경정비 기본계획

지역으로 된 곳들도 임대 수용을 전제로 종상향을 받을 것으로 예상
된다.

반면에 안산시는 38개 단지 중에서 기존 3종 주거지역을 제외한 모

든 단지에 조건 없는 종상향을 미리 계획했다. 경기도에서, 아니 전국에서 가장 많은 재건축 경험이 있는 안산시이기 때문에 가능한 행정이다. 정비 사업에서 가장 중요한 것이 '속도'다. 속도는 결국 사업성과 관련된다. 그래서 지자체장이 빠른 재건축을 원한다면 인센티브를 과감하게 준다. 이미 여러 번 재건축을 진행해본 안산시는 어떻게 해

〈 표 IX. 토 - 20 〉　　정비예정구역 용도지역계획(미수립 · 신규)

연번	구역명	용도지역			면적(㎡)	비고
		현황	변경	변경내용		
1	고잔연립4	1종일반주거지역	2종일반주거지역	1단계 종상향	75,200	미수립
2	고잔연립6	1종일반주거지역	2종일반주거지역	1단계 종상향	26,700	미수립
3	고잔연립5	1종일반주거지역	2종일반주거지역	1단계 종상향	69,800	미수립
4	월피연립1	1종일반주거지역	2종일반주거지역	1단계 종상향	15,866	신설
5	와동연립1	1종일반주거지역	2종일반주거지역	1단계 종상향	20,914	신설
6	와동연립2	1종일반주거지역	2종일반주거지역	1단계 종상향	28,401	신설
7	와동연립3	1종일반주거지역	2종일반주거지역	1단계 종상향	13,732	신설
8	주공9단지	2종일반주거지역	3종일반주거지역	1단계 종상향	68,400	미수립
9	성포연립1	1종일반주거지역	2종일반주거지역	1단계 종상향	26,616	신설
10	성포예술인	3종일반주거지역	3종일반주거지역	용도지역 유지	71,800	미수립
11	주공4단지	2종일반주거지역	3종일반주거지역	1단계 종상향	46,900	미수립
12	와동연립4	1종일반주거지역	2종일반주거지역	1단계 종상향	11,833	신설
13	주공7단지	2종일반주거지역	3종일반주거지역	1단계 종상향	53,500	미수립
14	주공8단지	2종일반주거지역	3종일반주거지역	1단계 종상향	53,600	미수립
15	주공10단지	2종일반주거지역	3종일반주거지역	1단계 종상향	73,400	미수립

서울에서는 찾아보기 어려운 적극적인 종상향이다.

출처: 2030 안산시 도시주거환경정비 기본계획

야 '속도'를 올릴 수 있는지 알고 있으며, 일을 아주 잘하는 지자체다.

그런데 현재 생활권계획 체제에서는 용도 상향 등의 인센티브를 아무 곳에나 줄 수 없다. 도시계획상 명분이 있는 곳만 가능하다. 안산시는 공장시설 때문에 기피지역으로 분류되곤 했지만 산단 대개조 바람 덕분에 이제는 많은 지원을 받게 된 것이다. 이렇듯 부동산은 정치의 영역이며, 권력자가 모든 것을 결정한다.

재건축에 진심인 안산시

안산시에서 재건축에 힘이 실리는 이유를 3가지로 정리하면 다음과 같다.

- 대중 무역
- 신안산선과 서해선
- 산단 대개조

먼저 대중 무역의 폭발적인 증가를 살펴봐야 한다. 우리나라는 제조업을 기반으로 무역 의존도가 높다. 중국이 개방을 하기 전까지 대미 무역, 대일 무역이 주력이었다. 그래서 대한민국 1번 고속도로인 경부고속도로, 경부선이 중요한 국가 기반시설이었고 수출하는 기업들의 공장, 창고를 경부선으로 배치했다. 이 때문에 구미, 대구, 포항,

울산이 성장할 수 있었다. 대중 무역이 중요해지면서 경부선 라인에 있던 공장들이 서해안 도시로 이동하기 시작한다. 울산의 인구가 점점 줄어들고 있는데, 이와 무관하지 않을 것이다.

다음은 지하철 신안산선과 서해선이다. 실제로 충남 아산에는 대규모 현대자동차그룹(현대자동차, 현대글로비스, 모비스 등) 공장이 있다. 아산, 서산, 당진, 천안, 평택 등 서해안 도시에 양질의 기업들이 몰리고 있다. 그 결과 교통의 불모지였던 서해안 지역에 물류를 위해서 서해안고속도로를 만들었고, 지금은 서부내륙고속도로 공사가 한창이다. 노동자들이 출퇴근하는 노선도 거점 사업의 일환이다. 안산에는 신안산선(여의도~안산)이 놓이고(현재 공사 중) 안산에서 충남 홍성까지 서해선이 연장된다.

마지막으로 산단 대개조다. 현재 대한민국은 기존 저품질 대량생산의 제조업에서 탈피하여 4차 산업혁명을 기반으로 고부가가치 산업을 육성하려고 한다. 이를테면 전기차 배터리, 반도체, IT, 우주항공 등을 말한다. 저이용 부지인 논과 밭을 활용하여 개발하고 있는 평택 삼성전자 공장 개발이 산업 육성을 위한 지원의 좋은 예시다. 그리고 기존 산업단지(일반산업단지, 국가산업단지)를 재건축(산단 대개조)해서 고밀도 개발을 하여 고부가가치 산업의 일자리 거점으로 만들고자 하는 것이다. 마치 서울시 마곡이나 가산·구로, 경기도 판교처럼 말이다. 이러한 이유 때문에 안산시와 시흥시의 공업지역 땅은 결국 도시계획대로 산단 대개조가 되어 어쩌면 제2의 판교가 될 수도 있다. 그 결과 현재 판교처럼 많은 신축 아파트가 보급될 것이다. 그래서 안산시는 열심히 재건축 준비를 하고 있는 것이고, 전국 재건축 1등이라는 타이틀에 걸맞은 모습을 보여준다.

3가지 키워드 모두 안산에 폭발적으로 늘어날 양질의 일자리를 암시한다. 그 결과 젊은 인구가 증가하여 신축 아파트 수요가 많아질 것이다. 안산시 도시계획 원문과 국토교통부의 산단 대개조 계획을 면밀하게 해석하면 예상할 수 있다. 하지만 투자자 입장에서는 최악의 상황도 예상을 해야 하기 때문에 미분양이 속출할 신축 아파트에 분양권, 입주권 투자를 하는 것은 위험하다.

그러나 현재 재건축을 빠르게 추진하고자 하는 안산시의 도시계획이 있고 안산시장 또한 재건축에 관한 의지가 충만하다. 재건축이 될 단지에 단기 투자를 하는 것은 매우 좋은 방법이라고 생각한다. 광명시와 안산시처럼 지자체가 정비 사업 경험이 많다는 것은 큰 장점이다.

상가 재건축

이 책에서 내가 전달하는 메시지는 단 하나다.

아파트 재건축이 활성화된 곳은 신축 아파트 입주민의 위상에 맞는 상권 개발을 한다.

2부 전체에 걸쳐 사례를 소개하겠지만 안산시도 마찬가지다. 투자금 대비 수익만 놓고 보더라도 비주택 투자가 아파트 재건축 투자보다 수익이 크다. 왜냐하면 부동산은 상업지역이 해당 지역 대장 땅이기 때문이다. 부동산은 비싼 땅이 가장 먼저, 가장 많이 오르고 가장 마지막에 떨어진다. 꼭 명심하면 좋겠다.

중앙역 역세권은 안산시청이 있는 행정의 거점이면서 신안산선 덕분에 대형 거점이 되었다. 뿐만 아니라 지근거리에 공단이 있어서 안산 내에서 가장 붐비는 상권이다. 즉, 인천의 부평역 역세권처럼 안산의 얼굴과도 같은 곳이다. 백화점 상권이기도 하지만 아직 술집, 모텔 등이 즐비한 엄청난 유흥 상권이기도 하다.

신축된 주거지역에 입주하는 사람들이 점점 늘어남에 따라서 안산시에 민원이 엄청나게 들어갈 것이다.

"제발 유흥가 없애주세요!"
"우리 아이가 좋은 환경에서 살게 해주고 싶어요!"

사실 이 모든 게 지자체장의 설계다. 학부모들의 민원을 빌미로 유흥 상가들을 없앨 명분을 만드는 것이다. 서울시 성북구 월곡동 집창촌이 길음뉴타운 주민들의 민원 덕분에 문을 닫게 된 것과 수원역 역세권 집창촌이 GTX-C 노선 거점 개발과 함께 주민들의 민원으로 폐쇄된 사례를 보면 중앙역 역세권의 미래가 보인다. 중앙역 역세권에는 네모반듯한 상업지역이 넓게 펼쳐져 있다. 그리고 상업지역 배후에는 재건축된 신축 아파트들이 들어서고 있다. 이쯤 되면 상권을 개

붉은색이 일반상업지역, 보라색은 중심상업지역이다.

출처: 경기도 지도 서비스

발할 명분은 충분해 보인다.

중앙역 역세권 상업지역에 현대건설이 힐스테이트 브랜드 주상복합 개발을 하고 있다. 상업지역답게 고밀도 개발을 하고 있는 것을 알 수 있다. 과거에는 어떤 모습이었을까?

역시 유동 인구가 많은 역세권 상업지역답게 한때는 모텔촌이었다. 국토교통부는 나이트클럽 같은 유흥시설이나 여관, 모텔, 호텔 같은 숙박시설의 복합 개발을 권장하고 있기 때문에 1부에서 설명한 것처럼 많은 디벨로퍼들이 인센티브를 활용한 수익을 내기 위해서 이런 개발에 활발하게 참여한다.

안산시 단원구 고잔동 537-7, 공사 현장만 봐도 전과 비교할 수 없는 용적률을 느낄 수 있다. 이 오피스텔이 완공되면 지하 6층, 지상 23층이고 용적률은 799%다.

출처: 네이버 로드뷰

고잔동 일대 상업지역의 평당 토지 단가는 2020년부터 2022년까지 꾸준히 오르는 추세다. 토지 가격만 보면 서울 강남권 아파트 시세 부럽지 않을 정도로 상승한다. 고수들은 현장에 가지 않고 **도시계획과 용도지역, 거래 추이**만 보고도 개발이 활발하다는 것을 파악한다.

안산시 단원구 고잔동 541-3번지는 4층 상가 건물을 허물고 18층짜리 안산중앙리베로가 되었다. 지금은 주변 구축 건물의 높이와 큰 차이를 보인다. 그러나 과거의 모습을 살펴보면 역시 높지 않다. 디벨로퍼에 의해서 고밀도 개발이 된 것이다.

안산시 단원구 고잔동 540-10번지는 숙박업소인 모텔을 개발하여 초역세권에 1인 가구 주거지인 오피스텔을 주상복합 형식으로 개발했다. 원칙적으로 상업지역, 준주거지역은 주상복합 개발만 할 수 있다. 안산시 중앙역 역세권 또한 상업지역에 높이 제한이 있고, 구역마다 건축할 수 있는 층수 제한이 다르기 때문에 상업지역이라고 해서 아무것이나 막 사면 물릴 수 있으니 주의해야 한다.

그런데 우리는 현실적으로 빌딩을 살 수 없다. 중앙역 역세권 건물의 매매가가 최소 100억 단위이니 함부로 덤비기 어렵다. 그렇다면 구분상가 매물을 매수할 수밖에 없는데 과연 구분상가 재건축은 어떻게 되고 있을까?

1부에서 설명한 것처럼 2021년 6월 건축법이 개정되어 상가 재건축 동의율 제한이 완화되면서 드디어 구분상가 재건축 사례가 나오고 있다. 안산에서는 이처럼 구분상가 재건축도 서울시 몇몇 자치구보다 빠르게 진행되고 있다. 즉, 소수의 고수만 이런 곳을 독점하고 있다.

이전 상가 건물보다 훨씬 높게 신축한 안산중앙리베로의 모습이다. 붉은 선을 보면 극적인 높이 차이를 더 실감할 수 있다.

고잔동 540-10번지. 모텔 건물이 오피스텔로 신축되었다. 옆 건물과 높이 차이가 확연해졌다.

출처: 네이버 로드뷰

심지어 안산에서 오래 활동한 현지 공인중개사들도 이런 사실을 잘 모르고 있다. 구분상가는 재건축이 절대 되지 않으며, 안산에는 그런 사례가 한 번도 없었다고 말하는 사람도 있었다. 역시 등잔 밑이 어두운 법이다.

구분상가를 선점한 고수들은 현수막 프리미엄만 취하고 상가 재건축이 점점 알려지면서 몰려든 대중에게 던지고 있다. 이미 설명했듯이 중앙역 역세권은 안산의 주요 역세권이다. 그렇기 때문에 디벨로퍼들이 가장 먼저 개발했다. 그다음 구분상가 소유주들이 움직이고 있다. 하락장인 2022년에도 꺾이지 않은 중앙역 역세권의 기세는 볼 때마다 놀라웠다.

그리고 한편으로는 2022년 하락장에 겁을 먹어서 사업성, 입지 모두 안산보다 뛰어난데도 사업을 중단한 재건축 사업지들이 안타깝기도 하다. 결국 부동산 투자에서 입지보다 더 중요한 것은 '누가 사업을 이끄는가', '누가 행정적 지원을 잘 해주는가'라는 질문의 답에 달려 있다. 결국 개발 사업은 사람이 하는 것이기 때문이다. 안산시의 사례를 보고 내가 느끼기에는 분담금 운운하는 선동가들이 조합원의 다수를 차지하거나 도시 발전에 소극적인 지자체장이 자리를 차지하고 있는 것만큼 불행한 일도 없다.

이제는 중앙역 역세권에 매물을 구하기도 힘든 것이 현실이다. 우리는 사례 분석을 잘해서 제2의 중앙역 역세권 개발이 확장될 곳을 찾아서 선점하면 된다. 바로 다음에 설명할 타깃 지역이다.

안산시 단원구 고잔동 540-8, 구분상가를 허물고 신축 공사를 진행하고 있다.

출처: 네이버 로드뷰

GTX-C 노선 호재를 탄 상록수역 역세권

상록수역 역세권은 4호선밖에 없지만 반월역, 대야미역과 함께 안산의 관문 입지이기 때문에 유동 인구는 많은 편이다. 여기에 접해 있는 반월역, 대야미역의 신규 공공주택지구들에 주택이 대거 공급될 예정이기 때문에 4호선을 이용해 출퇴근하는 인구는 더욱 늘어날 것이다.

이곳은 광명시 하안동 거점 개발과 상당히 유사하다. 대규모로 공급될 예정인 공공주택지구들을 보면 안 그래도 과포화 상태인 4호선에 더 부담을 주는 도시계획처럼 보인다.

지자체장들이 이런 상황을 모를 리 없다. 상록수역 역세권 개발이라는 믿는 구석이 있기 때문에 반월역, 대야미역의 미개발지들을 적극 개발하려고 하는 것이다. 정책 결정자들의 행정은 중요한 거점 개발지 인근 미개발지를 빈칸을 채우듯이 택지개발 사업을 지원하기 때문이다. 그렇다면 대체 중요한 거점이 어디일까? 당연하겠지만 바로 상록수역이다. 2022년 GTX-C 노선 정차 역세권이 발표되었을 때 왕십리역(서울시 성동구), 인덕원역(안양시 동안구)을 예상하는 사람들은 있었으나 상록수역은 너무 낯설 뿐만 아니라 기존 GTX-C 노선에서 살짝 벗어난 위치라서 이곳이 GTX-C 노선에 포함될 것이라고 생각한 사람은 거의 없었다. 결국 금정역을 분기점으로 삼아 오이도역까지 연장하는 지선을 구축하는 것이 아니냐는 이야기까지 나왔다.

GTX-C 노선을 최종적으로 오이도역까지 연장하게 되면 상록수역은 중요한 거점이 맞다. 반월역, 대야미역 일대에 어마어마한 택지

개발 사업으로 공급될 신축 아파트 입주민들의 교통 문제를 해결하기 위해서는 GTX-C 노선이 필요하다. 게다가 상록수역 일대에는 재건축 예정 아파트들이 순번으로 매겨져 있을 정도로 많다. 이 아파트들의 신축 사업이 완료되면 늘어날 인구를 수용하기 위한 광역교통망이 절실히 필요하다.

혹자는 이런 의문을 가질 수 있다. 'GTX-C 노선 오이도 연장이 최종 무산되면 상록수역 역세권 정차도 무효가 되는 것은 아닌가?' 이런 이유 때문에 상록수역 역세권에 투자하는 것은 리스크가 크다고 생각할 수 있다. 그러나 상록수역 역세권을 왜 개발할 수밖에 없는지에 관해서 조목조목 살펴보겠다.

GTX-C 노선 오이도역 연장안과 민선8기 안산시장 GTX-C 노선 공약이다.

출처: 시흥시청(왼쪽), 안산시청(오른쪽)

상록수역 역세권은 가두리 상권이다. 한편 상록수타운월드, 본오동 우성아파트 등이 재건축 대상지에 포함되었다는 것은 역세권 슬리퍼 상권 역할을 하는 구분상가 건물들도 재건축 대상지가 되었다는 것을 의미한다. 그렇다면 신축 입주민들을 위한 상권 개발이 반드시 필요 하며, 이미 재건축 사업이 활발한 중앙역 역세권 상업지역 모델을 그 대로 적용할 가능성이 높다.

상록수역 역세권에 2022년 기준, 유의미한 거래 사례가 나왔다. 숙 박업소가 무려 125억 원에 거래된 것이다. 평당 3500만 원으로 상록

가운데 붉은색 구역이 상록수역 역세권 상업지역이다.

출처: 경기도 지도 서비스

수역 역세권 상업지역 매물 중에서 가장 비싼 값에 거래됐다. 우리는 앞서 영등포역 역세권 상업지역 사례에서 살펴본 것처럼 특별한 목적으로 고가에 거래된 매물은 새로운 기준점이 되어 주변 시세에 영향을 미친다는 것을 알고 있다.

그렇다면 대체 무슨 목적으로 신고가에 매입을 한 것일까? 본오동 877-6번지는 현재 동안산 세무서로 쓰이고 있다. 해당 구역은 전형적인 모텔촌이었다. 모텔촌 일대에 갑자기 관공서가 들어선 것이다. 그것도 상록수역 역세권 건물 중에서 가장 비싼 값에 말이다. 임시 관공서로 쓰이기에는 지나친 낭비처럼 보이지 않은가?

필자가 지속적으로 강조한 것이 바로 공무원은 사례를 답습할 수밖에 없다는 것이다. 현장을 임장하다 보면 이런 과도기적 장면이 보이는 경우가 많다. 즉, 이런 모습은 거점에서 입지로 넘어가는 단계다. 예를 들어 한쪽에서는 세련된 고밀도 주상복합 아파트가 한참 개발되고 있는데 대로변 하나 건너면 유흥업소들이 여전히 즐비하여 서로 조화롭지 못한 모습을 보여주기도 한다.

여러 현장의 사례를 살펴볼 때 동안산 세무서 일대는 행정 거점으로 개발될 가능성이 크다. 중앙역 역세권처럼 고밀도 개발을 한다면 상록구청을 보조할 수 있는 관공서들과 법률사무소, 세무회계사무소 등이 자리 잡을 필요가 있는 곳이다. 그렇게 된다면 이들을 위한 양질의 상권으로 새로 재편될 것이다.

광명시와 마찬가지로 안산시도 재건축 경험이 많다 보니 모든 절차가 빠른 편이다. 상록수역 역세권 인근 월드1단지아파트는 1988년 12월에

2021년까지 모텔로 운영되던 곳이 관공서(세무서)가 되었다.

출처: 네이버 로드뷰

준공된 아파트로 2023년 기준 입주 35년 차이며 재건축 사업 속도가 무척 빠르다. 상록수역 역세권 인근 아파트 단지들도 재건축에 속력을 내고 있으니 상록수역 역세권은 제2의 중앙역 역세권이 되기에 매우 충분한 환경을 갖췄다. 노후 아파트가 지은 지 오래된 순서대로 재건축된다고 생각한다면 재건축의 핵심을 알지 못하는 것이다.

또한 건축물의 최고 높이 규정도 상록수역 역세권이 중앙역 역세권보다 더 고밀도 개발을 하기에 유리하다. 왜냐하면 최고 높이가 규정되지 않았기 때문에 허용 용적률 혹은 상한 용적률만 맞출 수 있으면 층수 제한이 전혀 없다. 용적률 400%~1,100%를 보장해준다는 것이다.

다만, 상한 용적률을 적용하기 위해서는 지자체의 심의를 받아야 하기 때문에 사실상 허용 용적률이 해당 매물의 표준 사업성을 판단하는 기준이라고 볼 수 있다. 그리고 몇몇 고수들은 허용 용적률이 높은 곳부터 매수하려고 할 것이다. 물론 허용 용적률이 낮은 곳도 서울시 기준으로 보면 준주거지역 용적률(용적률 400%)과 동일하기 때문에 절대적인 기준으로 사업성이 나쁘다고 단정할 수는 없다.

결론적으로 GTX-C 노선 상록수역 정차는 생각하지도 못한 발표, 우연한 호재처럼 여겨질 수 있다. 그러나 소수의 투자 고수들은 현장에서 답을 찾기 때문에 GTX-C 노선 연장에 관해 안산시와 시흥시가 진심을 다하고 있다는 것을 포착해냈을 것이다. 그리고 마치 GTX-C 노선 연장이 확정된 것처럼 행정을 하고 있는 안산시의 행보에 주목할 것이다. 마치 광명우체국 사거리역이 이미 역세권인 것처럼 행정적으로 지원하는 광명시와 일맥상통하고 있다.

구분	용적률			높이
	기준	허용	상한	최저
	200%	400%		2F
	250%	450%	1,100%	3F
	350%	550%		3F
	500%	700%		3F

본오동 일반상업구역의 허용 용적률이 700%다.

출처: 안산시 지구단위계획

GTX-C 노선 상록수역 정차(안산시)의 큰 그림은 최종적으로 오이도역 정차(시흥시)에 있지 않을까 예상한다.

우리나라의 행정력은 지자체마다 큰 차이를 보인다. 대중은 호재라는 파도만 바라볼 뿐이지만 고수들은 바람이 어디서 부는지 확인하고 최적의 타이밍을 노린다.

안산시나 광명시처럼 부지런한 지자체는 역세권 호재가 터지기 전부터 이미 사전에 준비하고 개발할 곳을 최대한 건드린다. 우리가 소수의 고수나 디벨로퍼보다 빠르게 진입하기 위해서는 파편화된 도시계획들을 유추해서 과연 어디를 거점 개발지로 삼고 있는지 파악하는 것이 무엇보다 중요하다.

10장

• 고양시 •

일산신도시보다 높게 지을 수 있는 땅?

노태우 정부의 주요 사업인 1기 신도시(일산, 분당, 평촌, 중동, 군포)가 만들어진 지 어느덧 30년이 되어 재건축, 리모델링이 논의되고 있다. 몇몇 단지들은 리모델링 시범단지, 재건축을 진행 중이다.

1기 신도시 사업은 '빠른 보급'이 핵심이었기 때문에 항상 안전성 논란이 있었다. 소위 PC 공법으로 지어진 단지가 많아서 입주 30년이 채 되기도 전부터 재건축이 논의되기 시작했다. 윤석열 정부는 출범 후 1기 신도시 특별법을 통해 재건축에 힘을 실어주려고 한다.

2022년까지만 해도 서울시는 신속통합기획, 모아타운을 밀고 있었다. 경기도는 주민 제안형 민간재개발, 공공재개발, 소규모주택정비

관리지역 등 재개발을 밀어주는 모양새였다. 그러나 2023년에 접어들며 서울시 택지개발지구 재건축(목동, 상계동, 창동, 월계동, 중계동, 성산동, 신월동, 방화동, 가양동 등)을 중심으로 재건축 활성화 움직임이 있다. 이에 영향을 받아 경기도 재건축 기대주들도 시동을 걸었다.

서울·경기권의 대형 아파트 단지들의 재건축 투자는 원주민보다 지방 투자자들이 주도하는 경우가 많다. 부동산 조정기는 지방 전업 투자자들에게 서울·경기권의 재건축 예정 대형 아파트 단지들의 가격이 저렴하게 느껴질 시기다. 뿐만 아니라 정부가 둔촌주공아파트의 사업을 알게 모르게 지원했던 것을 보면 부동산 투자시장의 몰락을 지켜만 보고 있지는 않을 것 같다.

그렇다면 전략을 잘 짜야 한다. 주택이 있는 사람들은 또다시 1기 신도시 재건축에 투자하여 주택 수를 늘릴지, 아니면 비주택 투자를 시도해볼지 결정해야 한다. 낯선 분야지만 비주택 투자가 새로운 트렌드로 자리를 잡아가고 있기 때문에 지금껏 1부에서 설명한 대로 옥석을 잘 가려서 아직 사람들이 인지하지 못한 비주택 시장을 선점하는 전략도 하나의 옵션이 될 것이다.

일산은 고밀도 개발이 가능할까?

경기 북부에 위치한 고양시는 육군의 서부전선이다. 군단 사령부를 비롯한 군부대 시설과 한국항공대학교 때문에 건축물의 높이에 제

신도시 택지개발 사업을 한강변까지 확장하고 있다.

출처: 경기도 지도 서비스

한이 있다. 그러나 신규 거점으로 지정된 킨텍스(방송영상 일자리 거점, GTX-A노선)는 거점 사업 덕분에 건물을 비교적 높게 지을 수 있다.

일산대교를 지나 고양시로 진입하는 구간에는 고층 건물들이 빼곡하다. 고양시의 대표 거점 사업지라는 증거다. 게다가 GTX-A 노선도 신규 택지개발 사업지인 킨텍스 일대에 정차역을 두었기 때문에 고양시에서 가장 비싼 아파트 단지들이 몰려 있는 곳이 되었다.

일산신도시는 이처럼 확장성이 강한 거점 개발지이다. 대한민국 부동산 개발의 역사를 살펴보면 2000년대까지는 택지개발 사업에 집중해서 그린벨트를 해제하고 외곽으로 확장 개발하는 것이 트렌드였다. 그러나 2010년대 이후부터는 원도심 개발에 집중하고 있다. 대표적으로 서울시는 뉴타운 사업과 도시재생 사업을 진행했고 오세훈 서울시장 체제에서도 도심의 고도를 완화하면서 고밀도 개발을 적극 추진하고 있다.

고양시도 마찬가지로 2010년 이전까지는 일산신도시의 확장 개발에 집중했다면 2007년 12월 일산뉴타운 지정을 시작으로 일산역 역세권 주변 노후 주거지의 재정비 사업을 시작하였다. 일산 재정비촉진지구 사업이 원활하게 되지는 않았지만 e편한세상 일산어반스카이

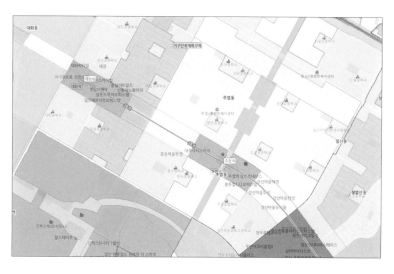

주엽역 일대. 붉은색 표시가 상업지역이다. 일산신도시 구분상가 매물도 역세권 슬리퍼 상권에 형성되어 있다.

출처: 경기도 지도 서비스

165

가 성공적으로 완성되면서 재개발이나 가로주택 정비 사업 열풍이 다시 불기 시작하고 있다. 그리고 2022년부터는 1기 신도시 노후 아파트 재건축으로 판세가 이동하였다.

이제는 가장 최신 트렌드인 구분상가의 고밀도 재건축으로 넘어갈 차례다. 그렇다면 일산 구분상가는 투자가치가 있을까?

개별 건축 사례를 보면 간간이 고밀도 개발을 했지만 아직 공식적으로 고양시 전체의 고도가 완화된 것은 아니다. 그래도 한국항공대학교와 고도에 관한 협의를 하고 있다는 점은 긍정적이다.

대형 아파트 단지가 30년이 되어 재건축을 시작하면 역세권 슬리퍼 상권도 30년이 되었기 때문에 재건축을 해야 하는 것은 당연하다. 일단 제도적으로 2021년 6월 건축법이 개정되어 동의율 요건이 일반 재건축 사업과 동일해졌다. 집합건축물은 준공연도 20년만 넘어도 재건축이 가능하기 때문에 주저할 이유가 없다. 그래서 일산 1기 신도시 주엽역 역세권 상업지역은 매력적인 비주택 투자처로 보일 것이다.

하지만 지금 선점하는 투자를 하기에는 아직 고도 제한이 풀리지 않았기 때문에 약간 위험할 수 있다(2023년 1월 기준). 물론 1기 신도시 특례법이 나온다면 해당 제한은 풀릴 것으로 보인다.

주엽역 역세권, 대화역 역세권 상업지역들은 가두리 상권 모양이다. 앞서 설명한 개포주공아파트, 과천주공아파트의 상권과 유사하다고 볼 수 있다. 배후 주거지가 되는 아파트들은 대부분 2종 일반주거지역, 3종 일반주거지역으로 되어 있으며 모두 재건축 대상지다.

그렇다면 해당 역세권에 신축한 사례가 있는지 살펴보겠다. 현재 주엽역 역세권 상업지역에는 구분상가 건물을 헐고 신축한 삼부르네 상스 오피스텔이 있다(168쪽 사진). 그러나 높이 차이를 자세히 살펴보면 인근 노후 상가와의 높이에서 크게 차이가 나는 모습이 아니다. 과거 모습과 비교해도 거의 1대 1 재건축이나 다름없어 보인다.

앞서 살펴봤던 서울시 개포동, 창동, 상계동, 과천시 별양동 일대의 고밀도 개발계획과 비교하면 초라해 보인다. 그 이유를 찾아보면 건축 규제 때문이다. 비주택 투자에서 난감할 때는 지자체장이 지구단위계획으로 묶어 고밀도 개발을 제한하는 경우다. 상업지역 고밀도 개발로 인해 주거지의 일조권이 침해될 수 있기 때문에 고밀도 개발을 아예 불가능하도록 규정하기도 한다. 과천 그레이스 호텔의 재건축 사업이 중단되었던 이유도 인근 주민들이 일조권 침해를 주장했기 때문이다.

그렇다면 투자하지 말아야 할까? 중앙정부와 경기도, 고양시에서 1기 신도시 재건축을 전폭적으로 지지해주고 있어 물이 들어오고 있는 것은 분명하다. 그래서 응용력이 필요하다.

우리는 고밀도 개발이 제한되지 않은 거점이면서 구분상가 매물이 많은 지역을 찾아야 한다. 고양시는 넓다. 넓은 만큼 거점이 많다. 또한 일산신도시처럼 아파트 단지들이 많다. 사실 고양시에서는 일산신도시의 인지도가 워낙 압도적일 뿐이다. 찾아보면 도처에 재건축 대상 아파트 단지들이 가득하다. 특히 창릉신도시와 인접하고 고양선 개통으로 서울시 은평구 새절역과 접근성이 수월해졌으며, 행정의 기점 역할을 수행하고 있는 화정역 역세권 일대에 주목할 필요가 있다.

주엽역 삼부르네상스 신축 전(위), 신축 후(아래)의 모습이다. 높이 차이가 거의 없다.

고양시 비주택 타깃 지역은 바로 여기!

우리가 주목해야 할 지역은 '고양화정지구'다. 현재는 3호선 화정역 외에는 교통 인프라가 갖추어지지 않았고 일산신도시에 비해 인지도도 떨어진다. 그러나 주변 지역의 개발계획이 워낙 풍부하기 때문에 일제히 개발하게 될 때 확실한 시너지를 불러일으킬 수 있다.

화정이라는 지역이 생소할 수 있지만 고양시의 도시계획을 살펴보면 일산신도시에 준하는 위상을 갖추도록 도시공간 위계를 구성하였다. 즉, 고양시의 도심은 일산, 화정, 창릉이라고 해도 과언이 아니다.

고양시 부동산을 이해하려면 도시계획상 위상을 알아야 한다.

출처: 2035년 고양도시기본계획

특히 화정과 창릉은 하나로 묶어 2도심 체계를 구축했다. 이는 원도심 화정과 신도시 창릉을 균형 개발한다는 의미다.

그렇다면 화정역 역세권 상업지역 범위를 살펴보겠다. 해당 지역도 마찬가지로 아파트 배후 상권임을 알 수 있다. 또한 덕양구청이 역세 권 범위에 포함되어 있어 현재도 행정의 거점 역할을 하고 있다. 또한 서울 접근성(마포구, 은평구) 자체만 놓고 보면 현재 기준으로 일산신도 시보다 유리한 측면이 있다. 재건축 대상 아파트인 은빛6단지프라웰 (은빛마을6단지아파트), 별빛마을 청구현대7단지(별빛마을7단지아파트) 등과 비슷한 노후도다. 역세권 구분상가들도 재건축 연한이 다가왔다.

화정역 역세권 상권(왼쪽)과 노후도(오른쪽). 오른쪽 사진의 붉은색 구역이 노후도가 개 발 연한에 도달한 면적이다.

출처: 국토정보플랫폼(왼쪽), 부동산플래닛(오른쪽)

이에 따라 다수의 개발 사례가 나오고 있다. 화정동 1002-5번지의 모텔을 허물고 용적률 1,199.91%, 지하 5층~지상 24층 규모의 오피스텔을 짓고 있다. 경기도에는 역세권에 모텔이 밀집된 경우가 많다. 이런 모텔들을 허물고 오피스텔이나 주상복합 아파트로 신축하는 사례들이 늘어나는 것이 하나의 트렌드로 자리 잡고 있다. 지자체장은 역세권 상권 활성화 차원에서 안 좋은 상권을 제거하고 양질의 상권으로 재편하기 위해 적극적으로 개발 사업을 권장한다.

5층짜리 고깃집이 자리 잡고 있던 화정동 984-6번지도 헐리고 용적률 1,199.67%, 지하 4층~지상 23층 규모의 오피스텔을 짓고 있다. 이처럼 각기 다른 영업점이 있었던 노후 건물이 디벨로퍼에 의해 헐리고 용적률 1,200%에 육박하는 초고층 오피스텔로 신축되고 있다. 왜 화정역 역세권에 오피스텔 개발 열풍이 불고 있을까? 상권은 시대의 변화에 따라 성장과 쇠퇴의 길을 걷는다. 화정은 일산과 비슷한 시기에 조성되었기 때문에 상권 또한 3인 가구를 위한 상권으로 발전했다. 하지만 이제 1인 가구가 많아지고 2030 청년들은 일자리가 있는 서울 지역으로 이주하려고 하기 때문에 3인 가구에 맞게 만들어졌던 상업시설은 경쟁력을 잃고 있다. 그 빈자리를 채우기 위해 1인 가구를 위한 주거시설, 상업시설을 늘려가는 것이다.

이러한 시대의 변화에 따라 화정동 964-4번지의 3층짜리 식당 건물이 헐리고 오피스텔로 바뀌고 있다. **여기서 주목해야 할 점은 모텔, 5층짜리 고깃집, 3층짜리 식당이 모두 25층 규모의 오피스텔이 되고 있다는 것이다.** 앞서 소개했던 주엽역 역세권과 차이 나는 부분이다.

왜 이런 차이를 보이고 있을까? 우리 생활 속에 깊숙하게 침투하고 있으나 너무 쉽게 간과하고 있는 것이 바로 **지자체의 도시계획**이다. 지자체의 도시계획은 생각보다 상세하게 규정되어 있기 때문에 심지어 동일해 보이는 입지도 어떤 지역은 고밀도 개발이 가능한 반면, 어떤 지역은 저밀도 상태를 유지하도록 되어 있다. 우리나라는 토지 공개념을 적용하고 있기 때문에 개발이 수월한 땅을 잘 가려서 투자해야 한다. 이렇기 때문에 부동산 투자의 끝판왕은 바로 건축이라는 말이 나오기도 한다.

고양시 지구단위계획에 따르면 3곳 모두 최대 25층까지 지을 수 있도록 규정되어 있다. 개별 필지 단위로 일일이 높이 규정이 있다는 것이 참 신기하고 놀라울 것이다. 한편으로는 '부동산 투자를 하면서 이런 부분까지 알아야 하나'라는 생각에 머리가 아플 수도 있다.

맞다. 내가 투자하는 매물에 어떤 도시계획이 설정되어 있는지 살펴보는 것은 기본 중의 기본이다. 그러나 지금까지 아파트를 매수할 때도, 재개발을 매수할 때도, 심지어 상가를 투자할 때도 지도에 보이는 입지와 가격 외에는 제대로 따져본 적이 없던 사람도 많다.

이 책을 읽고 머릿속이 복잡해지기 시작했다면 새로운 투자에 눈을 뜨기 위한 성장통을 겪고 있는 것이다. 저금리 시대가 돌아오면 대부분 대중은 다시 서울 지도를 펼쳐 강남구와 가까운 지역 중 그나마 저렴한 매물이 무엇인지 찾을 것이다. 그동안 새로운 투자에 눈을 뜬 투자자는 전국의 진짜 개발될 땅을 선점해갈 것이다.

다시 한번 강조하지만 앞으로 어떤 투자를 하더라도 실거주자의 입

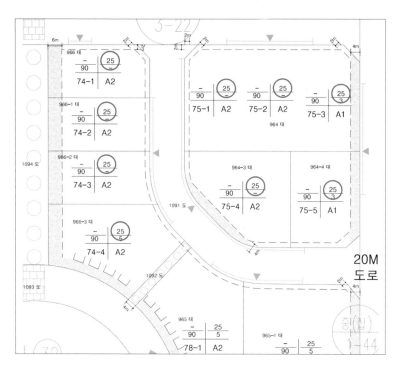

화정지구 상업지역 높이 규정이다. 여기서 숫자 25의 의미는 최대 25층까지 신축할 수 있다는 것이다.

출처: 고양시 지구단위계획

장이 아니라 지자체장의 입장에서 생각해야 한다(따라서 나의 지론은 실거주와 투자를 엄격하게 분리해야 한다는 입장이다). 재개발도 과연 도시계획에 따라서 투자할 수 있는지 궁금해하실 분들을 위해 화정동 바로 옆인 행신동 재개발에 관해 설명하고 마무리 짓겠다. 이 질문에서 시작해보자.

"만약 내가 고양시장이었다면 행신동 지도를 보면서 무슨 생각이

들까?"

이렇게 생각하는 데에 익숙해져야 한다. 3기 신도시인 창릉신도시가 개발되면 대규모 신축 아파트들이 공급된다. 그리고 점차 재건축 연한이 돌아오고 있지만 고양능곡지구의 아파트들도 비교적 양호한 환경을 갖췄다. 그러나 창릉신도시와 능곡지구 사이에 있는 행신동 미개발지역은 개발이 시급하다. 개발되지 않고 이대로 방치하면 창릉신도시와의 격차가 더 벌어질 수 있기 때문이다.

고양시에서는 이미 도시·주거 환경정비 기본계획에서 재개발·재건축 대상지를 미리 설정하고 있다. 또한 생활권계획을 마련하여 주민 제안에 의해서 주민 다수가 동의하면 재개발·재건축을 허용해줄 수 있는 지역까지도 찍었다. 이것이 바로 필자가 강조했던 거점 개발이다.

고양시 아파트에 관심을 가지고 있거나 실거주를 고려하는 사람들은 그동안 일산신도시 재건축, GTX-A노선 개통시기 등을 가늠했을 것이다. 그러나 고양시만 놓고 보더라도 이렇게 세부적인 도시계획들이 있고 디벨로퍼들도 이런 도시계획을 파고들어서 신축 수익을 극대화할 수 있는 매물들(화정역 역세권)을 집중 공략하고 있다. 이 책을 단 한 번 읽고 도시계획의 모든 것을 알 수는 없다. 하지만 서로 비슷해보이는 입지라도 도시계획에 따라 건축 인센티브가 다르다는 정도만 기억하더라도 반은 먹고 들어간다. 이미 남들보다 현명한 투자의 길을 걷고 있다는 증거이기도 하다.

고양시장 입장에서는 행신동 미개발지역을 정비하고 싶을 것이다.

출처: 경기도 지도 서비스

부록

산단 대개조,
국가의 미래사업에
올라타기

모텔 리모델링
투자 사례

산단 대개조,
국가의 미래사업에 올라타기

많은 사람이 부동산을 경제의 영역으로만 여기겠지만 사실은 그렇지 않다. 거듭 강조하지만 정치의 영역이다. 적어도 투자자로서 돈을 벌고 싶다면 정치가 원하는 개발계획을 도시계획 원문에서 읽어내야 한다. 예를 들어 서울시장이 서울 변두리 산동네에 인센티브를 엄청나게 주면서 신속통합기획 재개발 대상지로 지정한다면 어떻게 될까? 그날부터 그곳은 부동산 하락기와 상관없이 불장이 될 것이다. 국토교통부 장관이 1기 신도시 재건축을 전폭적으로 지원한다고 말하고 적극적으로 행동까지 한다면 어떻게 될까? 전국 투기꾼뿐만 아니라 일반 대중도 몰릴 게 자명하다.

투자자라면 대통령, 국토교통부 장관, 지자체장이 어떤 의도를 가지고 있는지 항상 주목해야 한다. 그들의 생각이 도시계획에 반영되기 때문이다. 당연한 것이다. 정치인들은 본인의 업적으로 삼을 만한 사업지들을 골라야 하기 때문이다. 세계인이 극찬하고 후대에도 회자될 그런 업적 말이다. 그래서 정책 결정자가 어딘가에 꽂히면 웬만하면 막을 수 없다. 본인의 표가 걸려 있기 때문이다. 그래서 경제학자들조차 부동산은 정치의 영향을 너무나도 많이 받는다고 말하곤 한다. 적어도 대한민국에서 부동산 투자로 돈을 벌 생각이라면 반드시 명심하기 바란다.

간단하게 생각하자. '정책 결정자가 거점을 어디에 삼고 있을까', '그로 인해 시세를 분출할 곳이 어디일까', '공사판이 어디에서 한창 벌어지고 있을까', 그것에만 집중하자. 뉴스에서 상승장과 하락장이 어떻다고 말하든, 해당 지자체의 인구가 매년 얼마나 빠져나가든, 주변에 유흥시설이 얼마나 많든 부정적인 정보들이 내 지갑을 든든하게 만들어주지 않는다.

그러니 부정적인 생각과 부정적인 정보로 머리를 채우기 전에 부지런히 연구해서 더 빠르게 좋은 땅을 선점해야 한다. 내가 소개하는 산단 대개조는 대중의 입장에서는 애초에 양질의 주거지가 아닌 곳이고 온통 공장들만 가득한 곳이기 때문에 아예 관심이 없지만 아는 사람들은 돈을 버는 노다지다.

시작은 서울시 준공업지역 개발이었다. 2019년 국토교통부는 서울 준공업지역 개발을 고시문을 통해서 명문화했다. 사실 개발의 흐름을 꾸준히 관찰했던 사람들은 알고 있다. 2019년 이전부터 서울은 준공업지역 개발을 했다는 사실 말이다. 서울에는 개발할 택지가 부족했기 때문에 권력자는 개발할 곳을 찾고 또 찾았다. 그래서 찾은 게 저이용 부지였다. 이를테면 행정청(군부대, 교도소, 우체국, 검찰청, 공사, 공단 등), 차량 기지, 차고지 그리고 준공업지역이다.

행정청 부지를 개발한 사례는 서울 동부지방 법원, 검찰청을 이전하여 자양 재정비촉진지구를 개발한 것과 영등포교도소를 이전하여 고척 아이파크 임대아파트를 공급한 것이 대표적이다. 또한 준공업지역 개발 사례는 구로공단의 공장을 허물고 IT 중심지로 개발한 구로디지털단지, 가산디지털단지가 대표적이다.

이중 준공업지역 개발은 투자자가 더 알아볼 가치가 있다. 행정청 부지는 우리가 투자할 수 없지만 준공업지역, 일반공업지역은 일반인도 투자할 수 있기 때문이다. 또한 서울시 준공업지역 개발 모델이 성공하면서 지방 노후 국가산업단지 대개조에 영향을 준 상황이다.

2019년 국토교통부의 준공업지역 개발 발표와 함께 서울시도 비효율적인 저이용 부지인 준공업지역 개발을 시작했다. 이때부터 준공업지역이라는 이유 하나만으로 별도의 거점 지정 없이 거점 지정의 혜택을 받게 된다. 그 결과 준공업지역에 있는 재개발·재건축구역들은 조합에서 무리한 요구만 하지 않는다면 인허가를 쉽게 받기 시작한다. 성수동 준공업지역의 땅값이 성수동 성수전략정비구역의 땅값을 아득히 추월한 이유이기도 하다.

구로공단이라고 불리던 지금의 구로디지털단지, 가산디지털단지는 대표적인 준공업지역 개발 성공 사례이다. 서울에 있던 공장 창고를 경기도로 이전하고 남겨진 부지에 일자리, 상업시설, 주거지를 채워 넣었다. 이는 일반 일자리가 아니라 2030을 위한 일자리였다. 때문에 1인 가구를 위한 주거지를 지을 경우에 용적률 400%를 받을 수 있게 되었다.

구로공단 개발이 성공하자 2019년에 국토교통부는 준공업지역 개발을 공식화했고, 덕분에 서울시 강서구, 성동구, 영등포구, 구로구, 금

가산디지털단지의 준공업지역 노후 빌라. 주변과의 높이 차이에 투자 가치가 담겨 있다.

천구, 도봉구에 있는 준공업지역 개발이 잘 진행되었다. 그리고 윤석열 정부가 들어서면서 국토교통부는 서울 준공업지역 개발 사례를 지방으로 확장하게 되는데, 이것이 '산단 대개조' 사업이다.

공장 부지에서 2030 청년과 여성들이 선호하는 일자리로!

산단 대개조. 용어를 아주 쉽게 요약하면 전국의 노후 산업단지를 재건축 하겠다는 의미다.

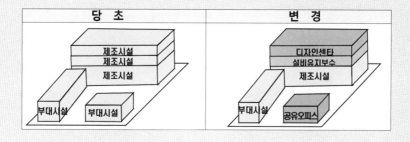

산단 대개조 도식도, 천편일률적인 공장을 고밀도 개발해서 다양한 시설들을 도입한다.

출처: 일자리위원회(위), 국토교통부(아래)

서울 준공업지역 개발 방식과 동일하게 공장, 창고를 다른 곳으로 이전하고 이전한 부지를 활용하여 새로운 일자리와 주거지, 쇼핑시설을 만들겠다는 것이다.

정부는 천편일률적인 제조업 일자리에서 IT, 반도체, 우주항공, 전기차 등 4차 산업혁명 일자리를 빠르게 보급하려고 한다. 대표적으로 택지개발을 통해 평택에 삼성 반도체 공장을 짓는 것이고, 노후 '산단'을 '대개조(재건축)'하여 지식산업센터를 짓는 것이다.

과거 제조업 시대에는 공장과 창고 부지만 있어도 충분했다. 때문에 일자리 용도의 땅에 아파트 개발이 제한되었다. 공장 노동자는 공장 기숙사나 연립주택 형태의 사택에서 거주했으며 이렇다 할 상권, 교육시설, 휴식공간도 없었다. 출퇴근 거리가 가깝기 때문에 전철 등 교통 인프라도 취약했다.

산단 대개조 사업은 이런 전형적인 공업지역을 2030 청년과 여성들이 일할 IT 일자리로 재편하기 위해, 공장, 창고를 공유 오피스나 지식산업센터로 고밀도 개발하는 것이다. 지식산업센터에는 별도의 기숙사가 없기 때문에 1인 가구 주거지인 고밀도 주상복합 아파트나 오피스텔도 짓는다. 그리고 이들이 식사를 할 상권도 배치하는 사업이다.

산단 대개조 대상 지역으로 지정되면 국토교통부로부터 엄청난 예산을 지원받을 수 있다. 기한 내에 예산을 쓰지 않으면 회수되기 때문에 해당 지자체장은 기를 쓰고 개발하려 할 것이다.

문제는 산단이 넓어도 우리가 투자할 곳은 한정되어 있다는 점이다. 공장이나 창고는 워낙 덩어리가 큰 매물들이라 개인 투자자가 접

(As-Is) **도시외곽 GB** 등 주변 지역과 단절되어 **근로자 기피**

(To-Be) **대학**, **도심 유휴부지** 등 편리한 **교통**, 각종 **편의시설** 밀집 등으로 선호하는 입지

【 캠퍼스 혁신파크 】　【 MIT 과학기술단지 】

(As-Is) **휴폐업공장**, 문화·편의시설 부족 등으로 **청년인력 기피**

(To-Be) **첨단산업**, 지원시설, 문화·레저시설, 교류공간, 주택 등으로 **혁신인재 유입**

교통의 불모지에서 각종 편의시설과 편리한 교통망을 확충하고, 2030 청년과 여성들이 선호하는 첨단산업단지로 탈바꿈한다.

출처: 국토교통부

근할 수 없기 때문이다. 그래서 국가 산단 내에 있는 몇 개 안 되는 구분상가(앞서 언급한 공구상가, 유통상가 등)를 대중이 몰려들기 전에 선점해야 한다.

　가로주택 정비 사업이 처음 나왔을 때 대중은 개념을 몰랐기 때문에 투자를 못했다. 하지만 지금은 일반 재개발 빌라와 동일한 가격에 거래된다. 돈이 된다는 것을 대중이 인지한 시점부터 발생한 현상이다. 산단 대개조 사업은 윤석열 정권뿐만 아니라 다음 정권에도 지속적으로 계승될 것이다. 국가 경제 핵심 과업은 여야를 막론하고 가장 중요한 거점 사업으로 육성한다. 대표적인 예가 새만금 개발 사업이다.

산단 대개조를 명확하게 이해하기 위해 수도권 지역 중 인천광역시 남동국가산단을 예시로 들어 설명하겠다. 인천광역시에는 산단 대개조 예상 투자처가 많으니 남동산단 뿐만 아니라 인천 모든 준공업지역과 공업지역 공장 지대를 잘 살펴봐야 한다. 서울의 개발 공식은 경기, 인천 등 수도권에 가장 먼저 적용되기 때문이다. 뿐만 아니라 인천광역시는 이미 재개발 사례가 풍부한 곳이다. 즉, 과감한 개발을 지향하는 도시라는 의미다.

산단 대개조 1번 타자 남동국가산단

남동국가산단은 1980년대 수도권 내 이전 대상 중소기업에게 용지를 제공하기 위해 폐쇄된 염전이었던 도심 외곽 지역을 산업단지로 개발한 곳이다. LH의 전신인 한국토지공사가 개발을 주도했으며 현재는 한국산업단지공단 인천지역본부에서 관리하고 있다. 당시 서울시는 용도지역 위반 공장을 대대적으로 이전하는 사업을 추진하였는데 이때 2100개 업체가 입주하여 오랫동안 국가산업단지로서 역할을 하였다. 2019년 6월 말 기준 6768개 사가 입주하였다.

개발 당시에는 인천에서 가장 외곽 지역 중 하나였다. 개발 이전에는 폐쇄된 염전이었기 때문에 바다와 인접한 지역이었으나 연수지구, 논현지구에 이어 송도신도시까지 아파트 주거지로 탈바꿈하면서 도

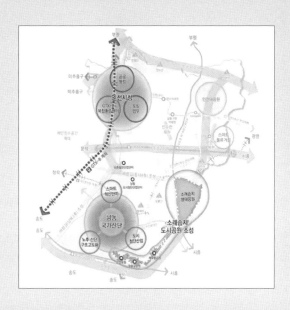

인천도시기본계획(위)과 남동국가산단(아래) 위치

출처: 2040 인천광역시 도시기본계획(위), 인천광역시 지도 포털(아래)

심 속 공업지역으로 변화하게 된다.

공단 주변에 아파트 주거지 밀집 지역이 된 셈이니 남동국가산단도 변화해야 하는 상황이다. 특히 송도신도시는 인천광역시의 명실상부 도심이다. 도심을 서포트 해줄 양질의 일자리가 필요한데 기존 공업지역 일자리로는 송도신도시의 직주근접을 해결할 수 없다. 또한 연수지구도 점차 재건축 연한이 다가오고 있고 재건축 이후 신축 입주민들을 위한 양질의 일자리도 필요하다.

산단 대개조 사업은 문재인 정부 때 처음 추진됐다. 시범 사업지로 총 5개 사업지가 지정되었다. 윤석열 정부도 반도체 거점 사업에 관심이 많기 때문에 노후 산단을 첨단 산업의 전초기지로 개발하려는 의지가 강하다. 이 중 남동국가산단을 포함하여 총 5개의 시범 사업지는 반드시 성공시켜야 하는 사업지다. 해당 사업지의 성공 여부가 전국의 산단 대개조 사업에 영향을 줄 수 있기 때문이다.

그렇다면 인천남동공단에는 어떤 개발을 할 것인가? 공장 지대라는 칙칙한 이미지를 지우고 양질의 일자리로 리뉴얼하는 것이 중요하다. 뷰티 등 소비재 제품 기업들을 유치하여 소비자들이 브랜드를 체험할 수 있도록 하고, 노동자들이 쉴 수 있는 녹지를 확보한다. 그뿐만 아니라 지식산업센터, 오피스텔 신축 사업을 병행하여 가산디지털단지, 판교신도시와 같은 개발을 하는 것이다.

그럼 실제로 개발된 사례를 살펴보겠다. 우선 남동구 고잔동 634-7번지 일대가 눈에 띈다. 공장 부지나 창고, 상가 건물을 오피스텔로 개발하는 것은 비교적 최근 사례이고 산단 대개조 시범 사업지로 지정된

고층 오피스텔로 탈바꿈 중인 남동구 고잔동 634-7번지 현장 사진이다.

출처: 네이버 로드뷰

인천 남동국가산단을 언급하는 국토교통부의 보도자료이다.

출처: 국토교통부 보도자료

때가 2020년도였기 때문에 해당 사업지는 사실상 사업 초기 단계라고
볼 수 있다.

이곳은 과거 저층 상가 건물로 쓰였으나 새로운 모습으로 태어나기
위한 공사가 진행되고 있다. 참고로 해당 지역은 남동인더스파크역과
인접하였으며, 상업지역이기 때문에 공업지역보다 고밀도로 개발할
수 있다. 즉, 사업성이 더욱 좋은 지역이다.

남동구 고잔동 634-7번지는 오피스텔 신축 공사를 하고 있었으며,
용적률은 959.87%나 된다. 상업지역 중 거점 개발지만 용적률 1000%
이상을 받을 수 있다. 지금까지 인허가를 받은 것만 보더라도 인천 남
동국가산단 자체는 국가 단위의 중요한 거점이라는 증거다.

지식산업센터 개발 사례도 있다. 남동구 논현동 446-3번지 지식산

한스 I.P 타워 신축공사 안내판 (HANS Indus Park Tower)		
공 사 명	한스I.P타워신축공사	
허 가 번 호	2022-건축과·신축허가-36	
대 지 위 치	남동구고잔동634-7,8번지	
대 지 면 적	1,296.40 m2	
연 면 적	16,921.83 m2	
건 물 용 도	근린생활시설및오피스텔등	
건 축 규 모	지하4층 – 지상18층	
건 물 구 조	철근콘크리트구조	
세 대 수	오피스텔81호, 섹션오피스57실	
건폐율/용적률	73.23% / 959.87%	
주 차 대 수	163대설치(법정:111대)	
시 공 사	㈜한스빌/ 위탁자 ㈜한스종합건설 소장: 성춘석 ( )	
준 공 예 정 일	2024. 02월예정	
분 양 일 정		
분 양 문 의		

남동구 고잔동 634-7번지 신축 공사 현장의 용적률은 무려 959.8%에 이른다.

업센터는 과거 공장 부지였다. 이곳에 지하 2층~지상 13층, 용적률 419.95% 규모로 상당한 고밀도 개발이 진행됐다. 인천 남동국가산단이 일종의 샘플이니 우리는 **오피스텔 신축이 될 만한 매물, 지식산업센터 신축이 될 만한 매물**을 선점하면 되는 것이다.

우리가 현실적으로 매수할 수 있는 매물은 유통상가, 부품상가, 공구상가 매물이다. 이런 건물의 구분상가를 매수하는 것이다. 앞서 1부에서 살펴본 고척공구상가, 영등포종합기계상가와 같은 사례와 유사하다. 특히 이런 구분상가 매물은 광활한 산업단지 중에서도 굉장히 희소한 편이다. 인천 남동국가산단만 하더라도 구분상가에 해당되는 구역은 193쪽 지도에 표시된 빨간색 박스 표시 지역뿐이다.

남동구 논현동 446-3번지. 2016년(위)에는 공장이었으나 2021년(아래)에는 지식산업센터가 되었다.

남동구 고잔동 630번지. 위 사진의 붉은색 표시된 곳에 아래와 같은 구분상가가 밀집되었다.

출처: 인천광역시 지도 포털(위), 저자 직접 임장(아래)

해당 매물도 구분상가의 장점을 그대로 가지고 있다. 매매가의 50% 이상을 대출받을 수 있기 때문에 실투자금이 적고 지분 쪼개기도 가능하다. 또한 월세 세팅이 가능하다는 점이 장점이기도 하다. 특히 구분상가 매물이 밀집한 지역은 남동인더스파크역과 상당히 가깝기 때문에 개발 이슈가 터지면 역세권 재건축 투자처, 송도신도시 인근 입지로 인식하고 대중이 몰려올 수 있다.

대표 사례로 인천 남동국가산단을 소개했지만 사실 전국에는 국가 산업단지가 많다. 그리고 여야 막론하고 국가산업단지를 4차 산업혁명의 거점으로 새롭게 만들고자 한다. 이미 구로디지털단지, 가산디지털단지, 평촌스마트스퀘어 등 낡은 공업지역을 IT 산업단지로 성공적으로 개발한 경험이 있기 때문에 이런 성공 모델들을 전 국가산업단지에 적용할 것이다. 산단 대개조 사업에 포함된 산업단지가 어디인지, 그리고 산업단지 가운데 지식산업센터, 오피스텔 신축 사업이 활발한 곳이 어디인지 파악하고 해당 지역의 구분상가를 집중적으로 공략하자! 현재 윤석열 정부가 야심 차게 지방 거점 사업을 밀어주고 있고 지방의 쇠퇴를 막기 위해 최선의 노력을 다하고 있다.

혹자는 아마 이렇게 생각할 것이다.

'지방 균형발전은 반드시 실패할 것이다', '수도권 집중화 현상이 심해지고 있는 시기에 현실성이 없는 계획이다', '지방 쇠퇴는 거스를 수 없는 추세다'라고 말이다.

이런 것들은 대중의 생각일 뿐이다. 소수의 투자 고수들도 지방 균형 발전이 100% 된다는 희망으로 투자하지 않는다. 현재 정책 결정자가 관심을 가지고 있고 예산을 투입하고 있으니 살포시 거인의 등에 올라타는 것일 뿐이다. 언제나 대중은 평가만 하고 고수들은 거인의 등에 올라타려고 한다는 점을 명심해야 한다. 개성 없는 삶을 사는 다수가 되지 말고 외롭고 고독하지만 큰돈을 버는 소수가 되자.

모텔 리모델링 투자 사례

건설사 임직원, 건축사, 감정평가사 등 부동산 현장에서 일하는 분들이 내 투자 강의를 듣고 공부한다. 그리고 네이버 카페 '서집달'에 직접 시간을 쪼개서 좋은 사례들을 소개하는 글을 올려주기도 한다.

이번에는 나의 '상위 5%의 투자법'을 1년 넘게 꾸준히 공부한 현직 감정평가사 투자자가 분석한 투자 사례를 소개하고자 한다. 이 글을 읽으면서 막연하게 '나도 저런 투자 하고 싶다' 정도만 느껴도 충분하다. 소개하고자 하는 사례의 시기적 배경은 2008년 리먼브라더스 사태 이후 2015년까지 이어졌던 부동산 시장 대하락장이었고, 지역은 이문휘경뉴타운이다.

이 투자자는 본업이 감정평가사이기 때문에 증권사 부동산 IB와 부동산 개발 사업 과정 중 금융 조달에 관한 업무 경험이 풍부했다. 그래서 디벨로퍼가 땅을 매입하고 사업성을 검토하고 자금을 조달하는 일련의 과정을 잘 알고 있다. 이러한 일련의 개발 과정에서 발생하는 이익, 즉 '시행 이익'이라는 것이 내가 주장하는 '상위 5%의 투자법'의 핵심과 매우 유사하다는 것을 포착한 투자 사례 분석이다.

'눈에 보이는 프리미엄'은 재개발 인허가와 용도지역 상향이 이뤄질 때의 실거래가를 추적해서 쉽게 파악할 수 있다. 예를 들어 재개발구역 지정 이전에는 매매가 1억 원이던 노후 빌라가 신속통합기획 후보지로 최종 선정되자 실거래가 3억 원으로 상승하는 것이 대표적이다.

그렇다면 '눈에 보이지 않는 프리미엄'은 어떤 것일까? 디벨로퍼가 신축 사업을 하는 이유는 돈을 벌기 위해서다. 따라서 이들은 **신축 시 발생되는 시행 이익**을 계산한다. 시행 이익이 큰 매물을 매수해야 돈을 벌 수 있는데, 사실 이런 부분은 개발을 통해 발생하는 부가가치가 얼마인지 계산할 줄 아는 사람만 추정할 수 있다.

일반 투자자가 감정평가사 수준으로 부가가치를 계산하기는 매우 어렵다. 물론 가장 이상적인 것은 부가가치를 계산할 줄 아는 전문가(감정평가사 등)에게 용역 의뢰를 맡기고 부가가치가 높은 매물을 선점하는 것이지만, 결론만 말하면 굳이 이렇게까지 할 필요는 없다. 현재 지자체장이 관심을 가지고 있는 지역이 어디인지, 지구단위계획구역에서 어느 지역에 과감한 인센티브를 주고 있는지 파악해도 '눈에 보이지 않는 프리미엄이 큰 매물'을 매수할 수 있는 안목은 생길 것이다.

붉은색으로 표시한 곳이 휘경, 이문동 지역의 대학교와 상권 범위다.

출처: 2030 서울시 생활권계획

앞서 고양시 사례를 인용하면 대중은 인지도가 높고 GTX-A 노선 호재를 간접적으로 받을 수 있는 주엽역 역세권 구분상가 매물을 매수하려고 할 것이다. 그러나 디벨로퍼의 마인드를 장착한 사람들은 주엽역 역세권의 지구단위계획과 화정역 역세권의 지구단위계획을 비교하면서 최대 13층까지만 지을 수 있는 주엽역 역세권을 배제하고 최대 25층까지 지을 수 있는 화정역 역세권 매물을 매수할 것이다.

다시 본론으로 들어와서 동대문구 휘경동, 이문동 개발 사례를 설명하겠다. 휘경동, 이문동 지역은 경희대학교, 한국외국어대학교, KAIST 등 유수의 대학이 포진했고 도심 접근성이 양호한 지역이다. 1인 가구 직장인의 수요가 많은 지역임에도 불구하고 대학가 상권이나 1인 가구를 위한 주거지 등은 많이 부족했다.

상업지역의 분포는 여타 대학가에 비해 턱없이 부족해 보이며, 이면의 저층 주거지 또한 이문휘경뉴타운이기 때문에 사실상 상권으로 이용할 만한 부지가 적다. 도시계획상 '대학가, 역세권 1인 가구를 위한 주거지 공급'이라는 청사진이 명확하지만 상업지역은 부족하고 그 주변은 뉴타운 사업지라서 고밀도로 개발할 땅이 턱없이 부족하다.

그래서 이문로를 따라 형성된 상업지역은 굉장히 희소하기 때문에 돈 냄새를 잘 맡은 디벨로퍼에 의해 2018년부터 본격적으로 개발되기 시작했다. 따라서 이문휘경뉴타운 재개발구역은 투자 경험이 있는 개인 투자자의 투자처였고, 고가의 희소성 있는 상업지역은 눈치 빠른 고수들의 투자처였다.

디벨로퍼는 왜 매수했고, 어떻게 수익 실현을 했을까? '대학생 1인

가구를 위한 도시형소형주택 공급'이 힌트다.

디벨로퍼들은 확실한 도시계획이 있을 때 움직인다. 실제 개발 사례가 있다는 것은 결국 도시계획에 힌트가 있음을 뜻한다. 2030 서울시 생활권계획에서 역세권 청년주택 관련 키워드가 있다.

여기서 디벨로퍼보다 빠르게 선점한 투자자들은 어떻게 했을까? 앞서 설명했지만 굳이 개인이 직접 신축하지 않아도 된다. 신축을 원하는 디벨로퍼들에게 후한 값에 매도하기만 하면 그만이다. 여기서는 조금 더 응용력을 발휘해볼 수 있다. 선점한 투자자들은 낡은 여관, 모텔

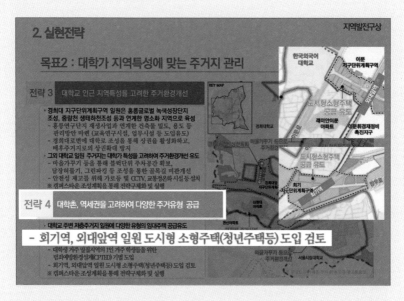

회기역, 외대앞역에 최근 오피스텔, 역세권청년주택 사업이 활발한 이유는 도시계획에 있다.

출처: 2030 서울시 생활권계획

건물을 저렴하게 매수해서 리모델링을 통해 지가 상승까지 노렸다.

한 사례를 소개하겠다. 누군가 휘경동 336번지 소재의 노후 모텔을 2012년 4월 14일에 33억 원에 매입한다. 허름한 모텔을 매입하여 리모델링 후 양호한 매출이 발생하는 모텔로 재탄생했다. 매입 당시 대출은 약 30억 원이며, 실투자금은 자기자본 3억 원과 리모델링 비용 약 3억 원을 합쳐 총 6억 원으로 예상된다.

2013년 4월에 50억 원에 매도하였으니, 매수가 33억 원과 리모델링 비용 3억 원을 빼면 14억 원으로 추정된다. 해당 매물의 매매 흐름을 정리하자면 다음과 같다.

- 2012년 4월: 33억 원에 거래
- 2012년 9월: 44억 원에 거래
- 2013년 4월: 50억 원에 거래(임대 수익 상승에 따른 부동산 가치 상승)

건물의 매매가는 33억 원이지만 리모델링 비용을 포함한 실투자금은 총 36억 원이다. 단 1년 만에 해당 매물의 가치는 13억 원이나 상승했다.

한편 2013년 4월 해당 리모델링 모텔을 50억 원에 매수하여 2015년까지 부가가치 창출이 안 됐기 때문에, 2015년에 50억 원 그대로 매도되었다. 특히 완성된 부동산(리모델링 된 모텔)을 샀던 2013년도 매수인은 2년간 프리미엄을 누리지 못한 채 매입가 그대로 매도했다.

하지만 2013년도 리모델링된 모텔이 감가상각이 되어 건물의 가

리모델링으로 임대 수익을 늘려서 가치가 상승했다.

치(월세 수익)가 하락했을 2018년, 본격적인 고밀도 개발이 진행되며 디벨로퍼가 매수 작업을 시작했다. 해당 사업지는 디벨로퍼에 의해 2019년 64억 원에 매수되었다.

- 2013년 4월: 50억 원에 거래
- 2015년 7월: 50억 원에 거래
- 2019년 12월: 64억 원에 거래 (개발 목적으로 매입)

혹자는 이렇게 생각할 수도 있다. 세금을 고려하면 1년 단기 투자보다는 2012년에 매수해서 2019년에 매도하여 수익을 모두 차지하는, 속된 말로 '끝까지 발라 먹는' 장기 투자가 훨씬 현명하지 않느냐고 말이다.

그러나 상가 건물은 감가상각이 큰 편이며, 시간이 흘러 트렌드가 변할수록 월세 수익이 줄어든다. 아무리 신축을 하거나 리모델링으로 새 상품처럼 만들어도 시간이 지나면 가치 하락이 발생할 수 있다. 약 7년 동안 장기 투자를 할 경우 28억 원의 수익이 생기지만 2년 사이클을 두고 단기 투자를 지속한다면 28억 원보다 훨씬 높은 수익을 얻을 수 있다.

게다가 해당 사례는 대출금이 상당히 높기 때문에 장기 투자를 하기에는 리스크가 있다. 만약 주변 지역에 비즈니스 호텔 신축이나 모텔 리모델링이 성행하고 있다면 수요가 분산되기 때문에 월세 수익이 감소하고, 대출 이자를 감당하기 어려워지는 상황에 처할 수 있다.

그렇다면 2013년부터 2018년까지는 상당 기간 정체되었다고 볼수 있다. 그런데 왜 2019년이 되어서야 디벨로퍼가 진출했을까? 바로 2030 서울시 생활권계획이 2018년 3월에 확정되어 공개되었기 때문이다. 2014년에 본격적으로 수립하여, 2017년 5월 공청회를 거친 이후 4년 만에 세상에 나온 셈이다. 이때가 되어서야 디벨로퍼들이 움직일 수 있는 명확한 근거가 생긴 것이다.

지자체장이 밀어주고 있지만 디벨로퍼가 행정 절차상 아직 매수하지 못한 시점에 투자한다.

1부에서 설명한 이 개념을 꼭 기억해야 한다. 투자는 이처럼 타이밍이 중요하다. 그 타이밍의 척도가 되는 것이 '도시계획'에 있고 디벨로퍼가 매수하는 타이밍 직전에 선점해야 시간을 줄이고 수익을 극대화할 수 있다.

64억 원에 매입한 디벨로퍼는 매입 후 약 80개 호의 오피스텔로 신축 사업을 진행하였다. 약 80개 호가 전체 분양된다고 했을 때, 디벨로퍼의 예상 이익은 약 30억 원이다.

그렇다면 디벨로퍼의 실투자금은 얼마였을까? 디벨로퍼는 보통 총사업비의 10~20%의 투자금으로 사업을 진행한다. 예상되는 실투자금은 총사업비 145억 원의 10~20%인 약 14~28억 원이다. 3년간 실투자금 14~28억 원으로 시행 이익은 약 30억 원을 가져갔다(3년 동안 시행사 임직원 월급을 포함한 운영비, 예비비 등 약 6억 원은 제외했다).

2019년 매입된 모텔은 오피스텔로 신축되었다.

내가 말하고 싶은 것이 다음 페이지 표 하단에 표시한 매출 이익(시행 이익)이다. 눈에 보이지 않는 프리미엄이 바로 이 데이터이고, 디벨로퍼들만 파악할 수 있는 프리미엄이다.

상위 5% 투자자들 가운데는 이 프리미엄을 디벨로퍼와 유사하게 계산할 줄 아는 사람도 있다. 눈에 보이지 않는 프리미엄을 내 주머니로 가져오기 위해서는 협상력과 정보력이 중요한데, 이 때문에 같은 용도의 땅을 누군가는 평당 5600만 원에 팔고 누군가는 평당 7000만 원에 팔게 된다.

정리하자면 보유기간에 상관없이 '개발'을 통해 프리미엄을 내 호주머니로 가져온 사람만이 돈을 벌었으며, 이미 완성된 부동산을 산 사람은 돈을 벌지 못했다. 상위 5% 투자법에 따라서 수익을 극대화하기 위해서는 완성된 신축 부동산이 아니라 개발이 가능한 부동산을 사야 하며, 도시계획이 발표되는 시점 직전에 디벨로퍼보다 빠르게 선점해야 시간을 절약할 수 있다.

구분	항 목	산 출 근 거	공급가액	부가가치세 과세(공제)	면세(불공제)	소계	전체예상	비율	비 고
수입 / 오피스텔	A - Type	8.38 평 × 39 세대 × 26,079 (평당)	8,169,824	358,176		358,176	8,528,000	46.35%	세대당 218,667천원
	B - Type	10.02 평 × 20 세대 × 23,890 (평당)	4,584,988	201,012		201,012	4,786,000	26.01%	세대당 239,300천원
	C - Type	10.76 평 × 4 세대 × 22,586 (평당)	931,176	40,824		40,824	972,000	5.28%	세대당 243,000천원
	D - Type	11.10 평 × 12 세대 × 22,244 (평당)	2,839,512	124,488		124,488	2,964,000	16.11%	세대당 247,000천원
	E - Type	9.26 평 × 5 세대 × 24,796 (평당)	1,101,700	48,300		48,300	1,150,000	6.25%	세대당 230,000천원
	소계	750.01 평 × 80 세대 × 24,533 (평당)	17,627,200	772,800	0	772,800	18,400,000	100.00%	세대당 230,000천원
	렌트월이자 회수익						0	0.00%	100% 투이자 지원
	총수입 계		17,627,200	772,800	0	772,800	18,400,000	100.00%	4.20%
비용 / 토지비	토지매입비	114.04 평 × 56,119 천원	6,400,000			0	6,400,000	34.78%	
	토지 취득세	6,400,000 천원 × 4.6%	294,400			0	294,400	1.60%	
	등기수수료	6,400,000 천원 × 0.3%	17,455		1,745	1,745	19,200	0.10%	VAT포함
	채권매입손실액 등		500			0	500	0.00%	
	중개수수료	6,400,000 × 0.469%	30,000		3,000	3,000	33,000	0.18%	
	지장물철거비	연면적 300.00 평 × 400 천원	109,091		10,909	10,909	120,000	0.65%	VAT포함
	토지대 합계	114.04 평 × 60,215 천원	6,851,445	0	15,655	15,655	6,867,100	37.32%	
공사비 / 직·간접	도급공사비	오피스텔 750.01 평 × 5,000 천원	3,750,000		375,000	375,000	4,125,000	22.42%	가설 10%본공투지원
	인입비(도시가스,전기,수도)	연면적 750.01 평 × 28 천원	19,091	1,909		1,909	21,000	0.11%	VAT포함
	미술장식품비	분양연면적 ㎡ × (1,664천원 × 95%) × 0.1%	3,336	334		334	3,669	0.02%	VAT포함
	상하수도원인자부담금	80 세대 × 850 천원	68,000			0	68,000	0.37%	
	소 계	750.01 평 × 5,924 천원	3,840,427	577,243	0	577,243	4,217,669	22.92%	
설계·감리	인허가 부담금(설비조건)		60,000			0	60,000	0.33%	1식
	설계비	연면적 750.01 평 × 161.3 천원	110,000	11,000		11,000	121,000	0.66%	VAT포함
	감리비(건축,전기,소방,정보)	연면적 750.01 평 × 132.0 천원	90,000	9,000		9,000	99,000	0.54%	VAT포함
	기성실사보고	10 회 × 1500 천원	15,000	1,500		1,500	16,500	0.09%	VAT포함
	기타용역비(지질,측량)	지질,측량등	0			0	0	0.00%	설계외 포함
	공사대금 합계	750.01 평 × 6,019 천원	4,115,427	598,743	0	598,743	4,514,169	24.58%	
분양경비 / 판매비	마케팅비용_홍보_제작광고	매출액 (18,400,000) × 1.0 %	184,000	18,400		18,400	202,400	1.10%	VAT포함
	홍보관 임차료	12 개월 × 8000 천원	96,000	9,600		9,600	105,600	0.57%	VAT포함
	홍보관 건립비	50 평 × 3000 천원	150,000	15,000		15,000	165,000	0.90%	VAT포함
	홍보관 운영비	12 개월 × 2000 천원	24,000	2,400		2,400	26,400	0.14%	VAT포함
	인테리어 설계비		50,000	5,000		5,000	55,000	0.30%	VAT포함
	분양 수수료	입방불탁수수료 80 세대 × 10,000 천원	800,000	80,000		80,000	880,000	4.78%	VAT포함
	소 계	750.01 평 × 1,913 천원	1,304,000	130,400	0	156,400	1,434,400	7.80%	
일반관리비	분양관리신탁수수료		100,000	10,000		10,000	110,000	0.60%	1식
	사업성검토보고비		10,000	1,000		1,000	11,000	0.06%	VAT포함
	법무사감평가등록적비		30,000	3,000		3,000	33,000	0.18%	VAT포함
	법무,세무 회계	1식	15,000	1,500		1,500	16,500	0.09%	VAT포함
	입주관리비	총80세대 × 1500 천원	120,000	12,000		12,000	132,000	0.72%	VAT포함
	시행사 운영비	20 개월 × 8000 천원	160,000	16,000		16,000	176,000	0.96%	VAT포함
	예비비	매출액 (18,400,000) × 2.5 %	460,000	46,000		46,000	506,000	2.75%	VAT포함
	소 계	750.01 평 × 1,318 천원	895,000	89,500	0	89,500	984,500	5.35%	
기타사업비 / 제세공과금	보존등기비	취득세 2.2%, 등록세 0.96%, 수수료 0.2% = 3.18%	166,067			0	166,067	0.91%	
	광역교통시설 부담금	750.01 × 0.04 % × 3,441 50%	51,621			0	51,621	0.28%	
	종합토지세	6,400,000 70% × 0.3% × 2년	26,880			0	26,880	0.15%	2년 분
	도시계획세	6,400,000 70% × 0.2% × 2년	17,920			0	17,920	0.10%	2년 분
	지방교육세	26,880 20%	5,376			0	5,376	0.03%	
	농어촌특별세	5(만세)+1취당금율 곱하 하는 금액의 100분의 15	3,032			0	3,032	0.02%	
	소 계	750.01 평 × 361 천원	270,896	0	0	0	270,896	1.47%	
금융비	보릿자이자	5,500,000 천원 × 5.00%	45,833			0	45,833	0.25%	6개월
	PF차입 수수료	10,000,000 천원 × 1.00%	100,000			0	100,000	0.54%	
	PF차입 이자	5,000,000 천원 × 7.00%	437,500			0	437,500	2.38%	15개월
	렌트금투이자	11,040,000 천원 × 5.50%	493,649			0	493,649	2.68%	대출수수료0.5%포함
	소 계	750.01 평 × 1,486 천원	1,076,982	0	0	0	1,076,982	5.80%	
	납부 부가세	매출부가세-매입 부가세						154,157	0.84%	
	도급자보 잔제료	-412,500 천원 × 18.00%					10,469	0.06%	가설 10%본공투지원
	투입비 총액		14,513,760	915,843	15,655	934,397	16,312,674	88.22%	
	매출이익(I)		3,113,460				3,087,326	16.76%	

감정평가사 투자자가 계산한 오피스텔 개발의 매출 이익이다.

제대로 공부해봅시다

비주택 투자의 개념이 생소해서 어렵게 다가왔을지도 모릅니다. 우리는 1부에서 소수의 부자가 어떻게 공백 없는 투자를 하는지 배웠습니다. 핵심은 '**대중과 반대로 생각하고 행동해야 한다**'라는 것입니다. 2부에서는 거점 개발 공식이 적용되는 현장에서 우리가 관심을 가져야 하는 매물에 관해서 설명했고, 부록에서 고수의 영역으로만 생각했던 산단 대개조와 모텔 리모델링 투자에 관해서 알아봤습니다.

그 누구도 생소한 영역을 단번에 깨우칠 수 없습니다. 딱 1년만 집중해서 공부하신다면 여러분도 책에 소개한 투자 사례의 주인공이 될 수 있다고 자신합니다. 이 책을 반복하면 할수록 새로운 내용이 보일

겁니다. 그러니 꼭 두 번 이상 읽으시기를 권하겠습니다.

돈이 없다는 것은 포기할 이유가 되지 않습니다. 제가 강의를 듣는 분들에게 늘 하는 말입니다.

"돈 버는 게 목적이라면 지역은 상관없습니다. 특히 하락기에는 건설 경기 활성화 목적으로 지방에 거점 사업이 활발하니 반드시 기회를 잡으세요. 여러분이 가진 지역에 관한 편견은 부자의 길을 막을 것입니다. 하락기 때 지방에서 시드머니를 불려서 하락기 말 상승기 초입에 반 토막 난 서울시의 매물을 '줍줍' 하세요. 상승기에는 서울 투자가 유리합니다. 왜냐하면 부동산은 비싼 게 많이 오르거든요."

지금은 부동산 하락기입니다. 대중은 '서울도 떨어지는데 지방 투자는 위험하다'라고 생각하겠지만 고수들은 해당 지자체장이 당장 개발할 거점이기만 하면 과감하게 투자하여 단기 시세 차익을 만들고 있죠. 물론 투자금도 얼마 들지 않습니다. 특히, 사회초년생이나 투자금이 많지 않은 분들은 지금 하락장을 잘 이용해야 합니다. 그렇지 않다면 남들 다 돈 버는 상승장 때 투자금이 없어서 지켜만 봐야 할 테니까요. 투자자들의 희망이 되기를 바라며 끝으로 실제 사례를 소개해 보고자 합니다. 참고로 제가 운영하는 서집달 카페 회원들은 이미 이런 식으로 매물을 찾아서 투자하고 있으니 여러분도 충분히 할 수 있다고 생각합니다.

대전광역시 일반상업지역의 65년 된 단독주택이 2022년 6월에 19억 8000만 원에 거래되었습니다. 아무런 감각이 없는 분들은 말도 안 되는 거짓이라고 말하겠지만, 꾹 참고 이 책을 읽으신 분들은 이유를 짐작하며 고개를 끄덕일 것입니다. 대전 원주민들은 신축 아파트가 즐비한 대전 둔산이나 세종시에 투자해야 한다고 생각합니다.

대전의 원도심 개발계획을 이미 알고 있던 투자의 고수는 2021년 5월 매매가 1억 2000만 원으로 거점 개발이 임박한 상업지역 단독주택을 매수했고, 2022년 6월에 고밀도 개발을 원하는 디벨로퍼에게 매매가 19억 8000만 원, 평당 6000만 원에 매도합니다. 만약 무주택자였다면 주택담보 대출이나 신용대출을 통해서 내 돈 한 푼 들이지 않고 2021년 5월에 매수가 가능했던 매물입니다. 서집달은 이런 곳만 타깃으로 공부하는 곳입니다. 여러분도 부동산 투자로 투자금 대비 빠른 수익을 원하신다면 더 이상 이상한 공부는 그만하시는 게 좋을 것입니다.

거래일	거래금액	토지단가 건물단가	공시지가	공시지가 대비 매매가비율
2022.06	19.8억	6,005만/평 1.9억/평	1.3억	1509%
2021.05	1.2억	364만/평 1,187만/평	1.2억	98%
2019.04	1.2억	364만/평 1,187만/평	1.1억	104%

대전시 중구 부사동 84-20 단독주택 1년간 시세 변화이다.

출처: 부동산플래닛

또 하나 소개해드릴 곳도 대전 원도심인 중구에 있습니다. 대전광역시와 같은 지방에도 연립주택, 다세대주택에서 큰 수익이 났습니다. 해당 빌라는 상업지역과 마찬가지로 고밀도 개발이 가능한 준주거지역에 속해 있으며, 2020년 9월 당시 투자금은 매매가 9900만 원 매물이었습니다. 그런데 2년이 채 되지 않아 매매가 4억 4000만 원(344.44% 상승)이 되었습니다. 고수 중에 누군가가 투자금을 거의 들이지 않고 투자하여 단기 시세 차익을 낸 것이죠. 물론 대중은 신축 아파트, 청약(분양권) 투자가 최고인 줄 알기 때문에 신경조차 쓰지 않았던 매물일 것입니다.

"이미 이런 식의 투자는 늦은 거 아닌가요?"라고 물어보신다면 그렇지 않다고 답하고 싶습니다. 왜냐하면 정책 결정자(대통령, 장관, 지자체장)는 때가 되면 바뀌고 새로운 권력자는 본인의 치적으로 세울 곳을 발굴하고 계획하기 때문이죠. 대표적으로 오세훈 서울시장은 이런 개발을 더 원하고 있죠.

① [라인빌라] 대전광역시 중구 대흥동 (면적 : 84.572㎡, 금액 : 전체) 9월								기준 : 2020년 . 단위(면적 : ㎡, 금액 : 만원)	
전용면적(㎡)	대지권면적(㎡)	계약일	해제여부	해제사유발생일	거래금액(만원)	층	거래유형	중개사소재지	전산공부
84.572	49.12	8			9.900	4	-	-	보기

① [라인빌라] 대전광역시 중구 대흥동 (면적 : 84.572㎡, 금액 : 전체) 6월								기준 : 2022년 . 단위(면적 : ㎡, 금액 : 만원)	
전용면적(㎡)	대지권면적(㎡)	계약일	해제여부	해제사유발생일	거래금액(만원)	층	거래유형	중개사소재지	전산공부
84.572	49.12	10			44,000	4	직거래	-	보기

대전시 중구 대흥동 55-4 준주거지역 빌라 2년 시세변화 이다.

출처: 국토교통부실거래가

212

다음 그림에서 2040 서울도시기본계획 중 인센티브가 언급된 부분을 발췌했습니다(도시계획은 원문을 꼼꼼하게 보는 게 중요하기 때문에 일부러 지면을 할애하여 보여드리는 것입니다). 빨간색으로 박스 표시한 내용은 고밀도 개발을 지금보다 더 활성화하기 위한 파격적인 인센티브를 담고 있습니다. 서울의 도시계획은 지방 도시들이 그대로 답습하기 때문에 매우 유의미한 '도시계획 원문'이라 할 수 있겠죠.

돈이 부족해서 투자를 못 한다는 것, 그리고 대장 아파트가 원하는 가격까지 떨어지길 기다리는 것. 적어도 제 기준에서는 타당하지 않습니다. 비록 단숨에 이런 내용들을 이해하고 숙달해서 행동으로 이어지기까지 시간이 걸리겠지만 불가능하지 않습니다. 아무것도 모르는 상태에서 시작하여 지금은 스스로 매물을 찾는 투자자들이 제가

---

76   제3장 부문별 전략계획

1-1 양질의 주택 공급 확대를 위한 도시계획체계 유연화 및 효율적 정비사업 유도

1-1-1 저이용·유휴지 활용 등 다양한 도시계획적 수단으로 양질의 주택 공급 활성화

- 저이용·유휴지와 기반시설 등 서울시 내 공공자산의 주변 여건을 고려하면서 용도지역 및 용적률 체계를 유연하게 운용하여, 역세권 개발, 유휴시설의 주거 용도 전환 등 다양한 주택 공급 방식을 적용한다.

  - 상업지역의 주거비율 상향, 준주거지역 용적률 상향, 준공업지역 내 공동주택 용적률 완화 등 용도지역 체계의 유연한 운영과 유휴시설의 용도 전환 및 복합화 검토

- 주택공급·재고·관리 등 개별적으로 관리되는 공동주택 데이터를 통합적·효율적으로 활용할 수 있는 주택정보관리 시스템을 구축하여 주택공급 관리계획의 효율성을 제고한다.

상업지역, 준주거지역, 준공업지역 개선안이다.

출처: 2040 서울도시기본계획

213

1-4-2 주민주도 주거환경 개선과 재생 추진을 위한 지속적인 공공 지원·관리

- 저층주거지에서 건축협정, 소규모주택정비사업 등을 추진 시, 기존 도시조직을 유지하고
  주변 지역을 고려하면서 주거환경을 개선할 수 있도록 공공성 확보 방안을 마련한다.

- 주거환경 개선 시 소규모주택정비사업 추진을 유도하기 위하여 공공기여, 공동개발 등에
  관한 용적률 인센티브를 마련하고 사업 절차를 간소화하여 원활한 사업추진을 지원

  - 일조·채광, 조망, 보행환경 등 주변 지역의 주거환경을 고려하면서 사업을 추진할 수 있도록
    건축 가이드라인 마련

  - 공공기여를 활용하여 주변 지역에 필요한 공동이용시설이나 저층주거지 내 부족한 정비기
    반시설을 확보하고 기존 및 신규 녹지축이 연결될 수 있도록 공원·녹지 입지 우선 고려

소규모주택 정비 사업에는 용적률 인센티브를 준다.

출처: 2040 서울도시기본계획

- 도심에서 김포공항까지 시범노선을 운영하는 등 상용화 노선을 확보하고, 용산, 잠실 등
  대단위 개발지구 및 한강, 주요 지천 등 물길 연접부를 중심으로 UAM 터미널을 설치를
  검토하여, 서울형 도심항공교통 기반을 마련한다.

- 수변 공간을 활용하여 서울시 전역을 연결할 수 있는 운항노선을 검토한다.

  - 25년까지 UAM 상용화 시범노선 운영, 29년까지 한강 등 주요 수변 공간 중심에 단계적
    광역노선 확보

  - 이후 중랑천, 안양천 등 주요 지천으로 확대하여 도심 항공교통의 간선노선체계 구축

- 민간 대규모 개발 시, UAM 인프라를 확보할 경우 용적률 인센티브를 제공하고, 수요가
  크게 감소한 도시계획시설 부지를 발굴해 UAM 터미널을 조성하는 경우 도시계획적인
  지원 방안을 함께 추진한다.

UAM 인프라 도입 시 용적률 인센티브를 준다.

출처: 2040 서울도시기본계획

운영하는 서집달에는 많으니까요. 아무나 할 수 없지만, 누구나 할 수 있습니다. 늘 대중과 반대로 생각하시고, 반대로 행동하세요.

여러분의 성투를 기원합니다.

엄재웅 배상

수도권 비주택 투자 수업

초판 1쇄 발행 2023년 4월 26일
초판 2쇄 발행 2023년 5월 9일

지은이 엄재웅
펴낸이 이승현

출판2 본부장 박태근
MD독자 팀장 최연진
편집 방호준
디자인 신나은

펴낸곳 ㈜위즈덤하우스   **출판등록** 2000년 5월 23일 제13-1071호
주소 서울특별시 마포구 양화로 19 합정오피스빌딩 17층
전화 02) 2179-5600   **홈페이지** www.wisdomhouse.co.kr

ⓒ 엄재웅, 2023

ISBN 979-11-6812-619-0 03320